AF346181

B⚡TCOIN
L'ÉVANGILE
DE LA LIBERTÉ

© Pierre Ginet. Dépôt légal novembre 2024. Quatrième édition.
ISBN 978-2-9587088-2-5
Couverture: Portrait modifié de Spinoza, auteur anonyme (1665)
Herzog August Bibliothek
www.pierreginet.com

Pierre Ginet

BITCOIN
L'ÉVANGILE
DE LA LIBERTÉ

Spinoza, les Lumières et
la philosophie des Cypherpunks

Essai

Prologue

Bien des explications seraient nécessaires pour exprimer ce qui m'a conduit à m'intéresser à Bitcoin, à Spinoza et à cette profonde question de la liberté. Mais si l'excursion que je propose dans cet essai n'a, de fait, que peu de rapport avec les compétences que j'ai pu acquérir en tant qu'artiste du spectacle, et si mon métier d'artiste de scène m'a peut-être conduit loin des sciences humaines, il m'a néanmoins permis d'observer, face au public que l'on cherche à faire rire, certains mystères et méandres de la nature humaine.

Car c'est en faisant le clown que les grandes lignes de ma réflexion se sont, peu à peu, développées pour réfléchir sur moi-même, sur mon avenir, mais aussi sur celui du monde dans lequel nous vivons et dans lequel nous nous projetons.

C'est de cette expérience qu'est née la réflexion proposée dans cet essai. Elle se situe à la rencontre d'un outil informatique parfois encore mal compris, Bitcoin, et d'une philosophie qui a profondément influencé l'esprit des Lumières, la philosophie rationaliste de Baruch Spinoza. Dans *l'Éthique*, son œuvre majeure publiée à titre posthume en 1677, il propose une nouvelle vision rationnelle du monde et de la nature humaine afin d'atteindre, écrit-il, « *la liberté ou les voies y conduisant* ».

Or, cette exigence de rationalité, Spinoza l'illustre avec une remarquable simplicité dans une lettre adressée à son ancien disciple Albert Burgh, devenu fanatique religieux. Après l'avoir attaqué avec agressivité en l'insultant de tous les noms, il lui répondit qu'il ne prétendait pas avoir trouvé la meilleure philosophie. Mais qu'il tenait pour vraie celle qu'il comprenait, de la même manière qu'il comprenait que « *les trois angles d'un triangle font toujours 180°* ».

Cette formule résume assez bien l'ambition de ce livre. Car il ne s'agit pas ici d'adhérer à une croyance nouvelle, mais d'examiner et de comprendre, grâce à la curiosité et à l'esprit critique, un phénomène technique, économique et philosophique majeur de notre époque.

C'est dans cet esprit que j'ai choisi d'utiliser le terme d'évangile dans le titre de cet essai. Non dans son sens religieux ou dogmatique, mais parce que l'étymologie de ce mot renvoie à l'idée de « bonne nouvelle » associée à l'idée de récompense pour ceux qui y adhèrent. Une expression qui correspond assez bien, me semble-t-il, à l'enthousiasme et parfois au panache intellectuel qui entourent Bitcoin depuis son apparition en 2009.

La première règle immuable, et amusante, propre à ce nouvel outil technologique qu'est Bitcoin, c'est d'abord que tout le monde a toujours le sentiment d'être en retard sur son adoption. La seconde, tout aussi cocasse, est que chacun aurait aimé, à un moment ou un autre, en avoir acheté plus tôt. Mais bien au-delà de cet aspect spéculatif légitime que nous rappelle avec humour le « Pizza Day » du 22 mai 2010, date à laquelle eut lieu un échange entre deux pizzas pour une trentaine de dollars contre 10 000 bitcoins qui en valent aujourd'hui près d'un milliard, l'intérêt d'envisager tout simplement ses cas d'usage, c'est-à-dire ce à quoi cette cryptomonnaie peut servir concrètement, nous invite aussi, et peut-être surtout, à découvrir la perspicacité de cette technologie disruptive afin d'en mesurer l'envergure politique et philosophique.

Car si sa dimension politique évoque ce qu'est une monnaie « saine » et les moyens de l'obtenir, pour questionner et, pourquoi pas, réformer le système monétaire actuel dont nous sommes tributaires depuis des décennies, sa dimension philosophique nous oblige à envisager l'avenir dans notre monde numérique dont il ne faut jamais oublier les risques potentiels d'un « Big Brother » orwellien.

Il s'agit ainsi d'imaginer la possibilité d'un monde davantage respectueux de la vie privée, du droit de propriété, de la liberté de penser, de croire, de s'exprimer et, plus largement, d'échanger. Et comme ces trois aspects pratique, politique et philosophique de Bitcoin se combinent et se renforcent mutuellement, que l'un ne peut véritablement être compris sans les autres, seule une réflexion globale fondée sur la démonstration rationnelle plutôt que sur une croyance ou une idéologie peut nous permettre de comprendre ce concept disruptif. Afin d'y adhérer, ou pas.

Mais si vous êtes encore en train de lire ces lignes écrites par un ancien clown du Cirque du Soleil qui va vous parler d'une révolution technologique aux multiples ramifications économiques, politiques et sociales et pour laquelle certains imaginent déjà avec un humour teinté de sérieux que son créateur pourrait à la fois obtenir le prix Turing en sciences informatiques et le « prix Nobel d'économie » pour son travail sur la monnaie, c'est que vous êtes certainement disposé à l'étudier avec curiosité et esprit critique et… vous y investir à votre tour.

« La noblesse du métier d'écrivain est dans la résistance à l'oppression, donc au consentement à la solitude. »

Albert Camus, « Le premier homme. »

« Il y a plus de liberté dans le fait de se savoir agir que dans le sentiment d'être à l'origine de ses actes, plus de force dans l'acceptation de ses faiblesses que dans leur déni, plus de sagesse dans la reconnaissance de ses vices que dans la guerre civile que l'esprit déclare au corps qui l'abrite ».

Baruch Spinoza, « Traité politique. »

1. Spinoza, une nouvelle manière de penser.

Né en 1632 à Amsterdam dans une famille de confession juive originaire du Portugal et exclu très jeune de sa communauté, Baruch Spinoza est souvent considéré comme le père de la philosophie des Lumières. Son influence se retrouve aussi bien dans la pensée française avec Voltaire, Montesquieu, Rousseau ou Diderot, que dans la pensée allemande avec Kant, Hegel, Schopenhauer, Nietzsche ou Marx mais aussi anglaise avec Hobbes ou Locke. Sa vision rationnelle du monde et de la nature lui donna l'image qui court toujours aujourd'hui d'un philosophe maudit, sinon dangereux à évoquer.

Mais cette réputation sulfureuse, qui le présentait comme un athée infréquentable, Spinoza la combattit fermement dans son *Traité théologico-politique* publié anonymement en 1670. En y écrivant que « *j'ai vu maintes fois avec étonnement des hommes fiers de professer la religion chrétienne, c'est-à-dire l'amour, la joie, la paix, la continence et la bonne foi envers tous, se combattre avec une incroyable ardeur malveillante et se donner des marques de la haine la plus âpre* », il dénonça d'abord l'écart entre les principes affichés et les comportements réels des croyants. Il montra ainsi que la véritable religion se caractérise d'abord par la justice et la charité et que tout le reste n'est, au fond, que commentaire. Selon lui, seule la raison et l'esprit critique permettaient de lutter contre l'obscurantisme, la superstition et l'ignorance.

Dans cette perspective, les textes religieux ne sont ainsi pas d'origine divine ni tombés du ciel. Ils ont été écrits par des hommes, pour des hommes, au point que nous pourrions en conclure, non sans ironie, que si les carrés ou les cercles avaient une conscience, leur Dieu aurait certainement eu tous les attributs du carré ou du cercle.

Mais au-delà de cette critique très en avance sur son temps, Spinoza défend aussi dans ce traité que la liberté n'est pas un danger pour l'État. En tant qu'anarchiste ou « punk » avant l'heure, il nous montre aussi que la liberté individuelle est le seul fondement sur lequel un État peut espérer se stabiliser. Selon lui, tous les moyens, tous les outils philosophiques et technologiques sont de ce fait utiles pour défendre la liberté de croire, de penser et de s'exprimer. À la fois dans l'intérêt des individus et de l'État.

Mais contrairement à René Descartes qui le précède et qui affirmait, lui, que les hommes seraient « *au-dessus de la nature* », qu'ils seraient, à ce titre, « *exonérés du lien de causalité des choses* » et disposeraient du libre arbitre, Spinoza réinscrivit surtout l'être humain dans l'ordre du monde. Grâce à lui, dans un esprit copernicien, nous pouvons enfin réaliser que la liberté n'est ainsi plus synonyme de volonté libre mais qu'elle est plutôt une capacité d'agir contre les servitudes natives ou entretenues.

C'est la grande question de philosophie morale que nous pose Spinoza quand il affirme que, puisque nous ne sommes pas causes de nous-mêmes et que nous naissons dans un état de servitude complet, nous en sommes souvent réduits à « *voir le meilleur, l'approuver et faire le pire* ». Autrement dit à être pessimistes, à subir notre « *mauvaise fortune* » et, comme nous le verrons avec le système monétaire dans lequel nous vivons aujourd'hui, à « *lutter pour notre servitude comme si nous luttions pour notre propre salut* ».

Mais pour comprendre l'émergence d'une telle pensée, encore faut-il la replacer dans son contexte. Au 17e siècle, les Provinces-Unies étaient alors la région la plus libre du monde aussi bien au niveau de la piété que dans le domaine politique, à tel point que même Descartes y passa le plus clair de son temps puisque sa pensée avant-gardiste lui aurait valu de graves problèmes en France.

La Hollande de cette époque était aussi le pays le plus riche du monde, dont la richesse provenait moins des ressources naturelles que du commerce et du négoce international dans un esprit libéral au sens noble du terme. C'était aussi un lieu de culture scientifique, un lieu unique de développement des sciences de l'ingénieur avec des avancées techniques majeures, notamment dans le domaine de la mécanique et de l'optique.

Et c'est donc dans ce contexte historique qu'il est intéressant de replacer la réflexion d'un Spinoza qui exerçait le métier de polisseur et tailleur de lentilles de lunettes d'astronomie. Car bien au-delà de la simple nécessité de gagner modestement sa vie, cette activité de polissage de verre, amusante pour quelqu'un qui, comme le disaient certains de ses détracteurs, « *voyait tout de travers* », correspondait en fait à la curiosité rationnelle d'un scientifique ouvert aux nouvelles technologies sources de progrès.

L'optique était alors une technologie de pointe comme le sont aujourd'hui l'informatique et la cryptographie et nous pouvons de fait imaginer que Spinoza en aurait certainement été un fervent défenseur. À la fois d'un point de vue technique mais aussi, et surtout, pour les valeurs de liberté et de progrès qu'elles portent.

C'est à partir de cette réflexion rationnelle que Spinoza nous fait ainsi observer combien les hommes ont une forte propension à rejeter mécaniquement ce qu'ils ne comprennent pas. Et l'histoire des sciences comme celle des idées en apporte une confirmation constante car les innovations majeures ont toujours suscité une forme de rejet. Non pas parce qu'elles seraient nécessairement mauvaises mais parce qu'elles dérangent, parce qu'elles rompent avec nos habitudes, nous obligent à penser autrement et nous font réagir comme nous réagissons face au choc de la perte brutale d'un être cher. Par le déni, puis par la colère avant d'en accepter les effets qui finissent par s'imposer avec le temps.

Au cours du 19e siècle, les premières machines à vapeur, le train ou l'automobile ont ainsi violemment été critiqués par ceux qui n'y voyaient que des défauts, les considéraient inutiles et affirmaient par exemple que leurs vitesses auraient des effets désastreux sur les organes internes des passagers et les tueraient. Ce pessimisme et ce rejet de l'innovation radicale se sont également illustrés à cette époque lorsque Nikola Tesla, l'un des artisans du développement du courant alternatif, imagina déjà un monde où l'énergie et l'information pourraient être transmises sans fil à travers l'espace. Un concept aussi extravagant pour l'époque que si un scientifique aujourd'hui parlait de téléportation. Et il présenta en effet en 1898 un bateau radiocommandé au Madison Square Garden, mais la plupart des observateurs refusèrent de croire qu'une machine pouvait être contrôlée à distance par ondes radio et de nombreux scientifiques le raillèrent en parlant même de supercherie alors que cette démonstration annonçait déjà les technologies de communication sans fil qui structurent aujourd'hui notre quotidien.

Mais c'est sans doute l'émergence de l'Internet avant les années 2000 qui illustre le mieux notre difficulté à appréhender une révolution technologique importante. Le rapport intitulé *Les autoroutes de l'information* écrit par l'un des pères du Minitel, le polytechnicien Gérard Théry en 1994 à l'attention d'Édouard Balladur, Premier ministre, pour lui conseiller de ne pas s'intéresser à l'Internet et lui préférer leur invention, en est un exemple typique. Il démontre *a posteriori* cette incapacité d'avoir su, ou pu, appréhender correctement une révolution technologique qui, par nature, allait contre des intérêts particuliers, et contre une certaine façon de penser et de réfléchir.

Un extrait du journal télévisé de France 2 du 8 octobre 1996 disponible sur le compte Ina Sciences de YouTube et intitulé Français/Informatique nous montre bien le contraste entre Théry pour qui « *penser que les 18 millions d'utilisateurs du Minitel vont basculer sur Internet est à peu près aussi idiot que de dire qu'on va verser la mer Méditerranée dans une tasse de thé* » et un chef d'entreprise emblématique et visionnaire de cette époque, Jacques Maillot pour qui, en revanche, l'Internet n'était pas un gadget. Mais bien un outil incontournable pour sa clientèle et pour le développement international à venir de son groupe si novateur Nouvelles Frontières.

Cette incapacité, parfois caricaturale, de ne pas avoir compris que l'Internet allait changer la face du monde s'est ainsi manifestée par une avalanche d'arguments pessimistes et parfois excessifs qui voyaient dans la technologie du Web une arnaque, un outil de criminalité et un gaspillage énergétique. Des arguments qui sont étonnamment les mêmes que ceux avancés aujourd'hui par les opposants aux cryptomonnaies.

De ce point de vue, Bitcoin n'est pas seulement une innovation, c'est aussi une opportunité pour ne pas répéter les erreurs du passé et dépasser ce piège de l'ignorance qui nous contraint souvent à vivre malgré nous dans l'illusion, le déni et parfois la colère.

Être spinoziste ou tenter de le devenir nous permet de ce fait d'évoquer deux manières de réfléchir propres à la philosophie rationnelle des Lumières afin de saisir l'intérêt d'une révolution disruptive comme celle de la cryptomonnaie en général et de Bitcoin en particulier. Il s'agit d'abord de retenir qu'un concept, par nature complexe, est toujours plus facile à comprendre en disant ce qu'il n'est pas plutôt qu'en essayant d'expliquer ce qu'il est. Par exemple, il est bien plus simple de comprendre ce qu'est, selon Spinoza, la nature de Dieu en expliquant qu'il n'est pas un être doué d'intention anthropomorphe qui punirait, récompenserait, à qui nous nous adresserions et qui nous parlerait. Albert Einstein, grand spinoziste, illustra avec humour cette manière de penser lorsque, face à un journaliste qui lui demandait dans les années 1950 s'il croyait en Dieu, il répondit d'un ton facétieux « *dites-moi de quel Dieu vous parlez et je vous dirai si j'y crois* ».

C'est ainsi que, face à la critique récurrente selon laquelle Bitcoin n'aurait aucune valeur à cause de sa prétendue nature « virtuelle », il sera toujours préférable, au lieu d'argumenter, de démontrer que cette critique vaut d'abord pour les monnaies légales actuelles qui sont aujourd'hui, par leur propre nature scripturale, complètement virtuelles. Et que, contrairement aux bitcoins qui reposent, comme nous le verrons, sur une quantité d'énergie dépensée pour les produire, les monnaies scripturales ne reposent, elles, sur rien d'autre qu'une hypothétique confiance en un système monétaire fondé sur la dette, la force publique et la capacité dangereuse des États à augmenter la masse monétaire pour y faire face.

Le second paradoxe indispensable à connaître avant de se plonger dans cet écosystème à la manière de Spinoza est de se rappeler qu'un concept disruptif n'est par essence jamais prosélyte et que, dans la mesure où il est très difficile, voire inutile, d'argumenter contre une croyance, il ne sert jamais à rien de chercher à convaincre celui qui n'a pas fait l'effort de réfléchir par soi-même et en fonction d'une démonstration. Tenter de le faire, même avec bonne foi et bonne volonté, n'aboutit en général qu'à un dialogue de sourd, à cet « *asile de l'ignorance* » qu'évoque encore Spinoza dans *l'Éthique* en parlant du triste refuge dans lequel s'enferment par faiblesse, par paresse ou par orgueil, les superstitieux, les idéologues ou « *les gens de tristesse* », comme le dit le philosophe Gilles Deleuze.

Au contraire, être rationnel, faire preuve d'entendement, de bonne volonté et de curiosité exige que nous nous méfiions des concepts prosélytes qui, à défaut de démonstration, ne s'imposent que par la croyance et par la nécessité d'imposer aux autres d'y croire également. Autrement dit, le fait de ne pas être prosélyte et de n'avoir de ce fait aucun attribut propre au fait religieux comme beaucoup de ses opposants l'affirment pourtant pour le critiquer, donne au concept de la cryptomonnaie une qualité intrinsèque unique, une qualité suffisamment remarquable pour s'y intéresser et, dans un esprit critique, lui faire confiance. Au moins pour prendre le temps de l'étudier et de se faire sa propre opinion.

« Une proposition philosophique est bonne si elle paraît la plus évidente, quand on se dit… évidemment je le savais, je le pensais, je m'en doutais depuis longtemps… quand elle a l'air familière et qu'elle est aussi la chose la plus insolente du monde. »

Gilles Deleuze, extraits de ses cours de philosophie à l'université Paris 8 Vincennes.

2. Bitcoin et le problème de la double dépense.

Le *White Paper*, publié sous la forme d'un article en ligne le 31 octobre 2008 et intitulé *Bitcoin : un système de paiement électronique pair-à-pair*, a présenté à la communauté scientifique et au grand public un nouveau protocole informatique dont le but était de résoudre le problème de la « double dépense » propre aux échanges de valeurs numériques. Un problème longtemps considéré comme insoluble.

Son auteur, le dorénavant célèbre Satoshi Nakamoto dont l'identité reste à ce jour inconnue, nous y rappelle que la particularité du protocole informatique est de se baser sur l'échange d'informations et, grâce aux progrès technologiques constants, de le faire instantanément, sans limite de temps ni d'espace. C'est-à-dire que si, dans le cadre d'échanges numériques, par exemple sous la forme d'un courrier électronique, une information est reçue par un destinataire, le fait est que son expéditeur l'aura en réalité également conservée. Et si l'information transmise était une valeur et que son expéditeur ou son destinataire ont la possibilité de la dupliquer et de la transmettre à d'autres, cette potentielle double dépense qui en résulterait aurait alors pour effet de lui retirer toute valeur intrinsèque.

La rareté numérique semblait donc impossible à garantir dans le cadre d'échanges d'informations sur Internet et, logiquement, seule l'intervention d'un tiers de confiance capable d'organiser cet échange numérique permit d'éviter cet écueil en faisant en sorte que ce qui était dépensé par les uns était bien reçu par les autres. Or, pour des raisons évidentes de sécurité et de commodité, mais aussi parce que la loi l'a très vite imposé pour certains échanges, les banques ont alors progressivement rempli ce rôle d'intermédiaire de confiance. Grâce à leurs livres de comptes centralisés, elles ont ainsi pu garantir que quand un paiement était effectué en ligne, une opération de débit serait bien accompagnée d'une opération de crédit qui respecterait la rareté d'une valeur chaque fois qu'elle était transmise à un tiers.

Avant l'ère numérique, ce rôle de tiers de confiance fut attribué aux banques pour assurer les échanges des lettres de changes, des chèques et des virements bancaires. Puis leur rôle s'est logiquement développé avec la naissance de l'informatique grand public et l'arrivée de l'Internet dans les années 2000. L'augmentation considérable des paiements numériques et la disparition concomitante et programmée de l'argent liquide ont finalement permis aux banques de s'adapter à leur époque. Elles devinrent donc incontournables pour sécuriser, simplifier et favoriser les échanges monétaires numériques entre tous les acteurs économiques, aussi bien au coin de la rue pour payer un café qu'au niveau international pour commander un bien ou un service chez un commerçant ou un particulier que l'on ne connaît pas forcément. Et en qui nous n'avons aucune raison de faire confiance.

Dans notre monde occidental aux institutions modernes, démocratiques et protégées par des règles de droit, notre système bancaire fonctionne aujourd'hui plutôt bien et nous permet incontestablement de vivre dans des sociétés organisées autour d'échanges pacifiés. Mais cela ne devrait pas nous faire oublier certaines réalités incontournables.

D'abord, il faut rappeler que, selon la Banque Mondiale, plus d'un tiers des êtres humains sur Terre ne sont pas bancarisés et que leur incapacité à bénéficier d'échanges numériques les contraint et les freine malheureusement à toute forme de développements économiques auxquels ils ont pourtant droit alors que, même dans les pays les plus sous-développés, tout le monde dispose aujourd'hui d'une connexion Internet et d'un téléphone mobile.

Ensuite, il faut souligner que, en tant que client, la confiance en une banque, qui reste avant tout une entreprise commerciale aux intérêts particuliers, n'est pas toujours acquise et nous oblige à rester vigilants. Par exemple, si les banques sont aujourd'hui assez souples et réactives en cas de fraude à la carte bancaire, elles ne le sont que parce que la justice les a contraintes à ne plus être juges et parties en cas de problème. Avant les années 2000, et malgré les réalités technologiques déjà connues comme les *« yes cards »* qui permettaient à des escrocs de retirer de l'argent aux distributeurs avec n'importe quel code secret, les banques opposaient souvent à leurs clients leur propre négligence quand leur carte bancaire était utilisée à leur insu. Or, le fait d'inverser systématiquement la charge de la preuve en obligeant leurs clients à prouver qu'ils n'étaient pas malhonnêtes et que l'utilisation de leur code secret prouvait *ipso facto* leur responsabilité était, sinon illégal, du moins tout à fait immoral.

S'en remettre aux banques présente toutefois certaines contraintes car, en réalité, peu de leurs clients ont par exemple conscience que les fonds déposés sur leurs comptes ne sont plus leur propriété mais deviennent juridiquement des créances sous forme de monnaie scripturale que la banque pourrait, en théorie, ne pas honorer. Les victimes de la crise grecque des années 2010 pourraient témoigner de cet écueil quand les banques privées ont fermé leurs portes, tout comme certains Libanais qui se sont retrouvés en 2020 dans la situation ubuesque de braquer leur propre banque pour récupérer leurs économies.

Au fond, nous ne devrions jamais sous-estimer que le risque de ne pas recouvrer nos créances est une constante de l'histoire du monde bancaire qui s'illustre à travers les fameuses « ruées bancaires » que les États modernes promettent pourtant d'empêcher en garantissant, en partie, les fonds des particuliers.

L'intérêt du *White Paper* de Satoshi Nakamoto fut donc de proposer une solution technique grâce à laquelle les acteurs économiques peuvent enfin échanger à distance, de pair à pair, sans attendre la moindre autorisation, ni craindre la moindre censure. Et sans être bancarisés.

Ce nouveau et astucieux protocole informatique « open source », c'est-à-dire libre, lisible et modifiable par tous, nous permet dorénavant d'échanger librement de la valeur sur un réseau qui fonctionne comme un garant des comptes, un registre des actifs et des passifs de tous les acteurs qui y participent, de manière à éviter définitivement cette double dépense et être sûrs que ce qui est dépensé par les uns sera bien encaissé par les autres.

Et de le faire sans tiers de confiance ni contrôle centralisé puisque, comme nous le verrons, le protocole prévoit qu'en récompense d'un travail de validation des transactions inscrites sur un registre distribué, des jetons numériques échangeables appelés des bitcoins (avec un b minuscule) seront créés de manière décroissante et limitée en augmentant, de ce fait, leur valeur puisqu'ils deviennent de plus en plus rares.

C'est ainsi que, au-delà de la résolution du problème de la double dépense, le protocole Bitcoin a très vite offert à ses premiers utilisateurs sinon de l'espoir, au moins différents cas d'usage dont nous ne pouvons toutefois pas faire la liste exhaustive dans la mesure où ils correspondent à l'utilité que chacun peut y trouver et qui sont par nature différents selon les uns et les autres.

Même un banquier, pourtant naturellement déterminé à défendre ses acquis et à refuser l'idée d'une monnaie décentralisée qu'il ne maîtriserait plus, peut par exemple très vite admettre l'intérêt pécuniaire qu'il a à répondre aux attentes de ses clients qui voudraient investir dans cet actif numérique. Et lorsqu'un travailleur immigré doit envoyer chaque mois une partie de son salaire à sa famille restée dans son pays d'origine, il comprend très vite l'intérêt d'un portefeuille numérique contenant des bitcoins achetés en liquide. Il peut les transférer en quelques minutes, sous pseudonyme, avec très peu de frais, 24 heures sur 24 et 7 jours sur 7.

Sans dépendre, donc, ni des horaires d'ouverture d'une banque ou d'une société de transfert de fonds qui impose des frais en moyenne de 10 %, sans compter les taux de change, et dont les transactions, qui ne sont pas instantanées, requièrent des papiers d'identité pour l'envoi et pour la réception. Ce qui peut poser d'évidents problèmes de sécurité dans les pays dictatoriaux ou corrompus.

Des bitcoins que ce travailleur émigré peut aussi choisir de conserver sur son portefeuille numérique en toute indépendance sachant que depuis 2010, et malgré la volatilité des cours, quiconque les a conservés au moins 3 ans de manière consécutive a connu une très forte augmentation de leur valeur. Une valorisation qui s'est révélée, de fait, bien plus attractive que n'importe quel autre actif du marché.

L'histoire de Roya Mahboob, racontée dans un article publié en 2017 sur le site Internet Forbes, et intitulé *How Bitcoin solved this serial entrepreneur's problems,* nous montre par exemple comment cette entrepreneuse afghane, une des « *100 personnes les plus influentes du monde* » selon le Times Magazine en 2013, sut adopter Bitcoin dans son pays pour contourner un système bancaire et politique misogyne. Sa vision pratique de Bitcoin se fondait sur la simple nécessité de protéger son patrimoine face à une inflation incontrôlée, de conserver une liberté financière et, à travers le droit fondamental d'échanger librement, une capacité à répondre aux besoins les plus élémentaires de la vie de tous les jours.

Un autre article du New York Times publié en février 2019 et intitulé *Bitcoin has saved my family* nous présente aussi Carlos Hernández, un économiste vénézuélien pour qui l'adoption de Bitcoin a donc sauvé sa famille face à l'hyperinflation qui atteignit dans son pays, en 2018, 1,7 million % par an (soit une dévaluation de 3,5 % par jour). Bitcoin, « *cet argent sans frontières* », dit-il, lui a permis de conserver la valeur de son patrimoine en s'expatriant avec son argent dématérialisé et protégé par une clé privée cryptographique apprise par cœur ou astucieusement conservée pour accéder plus tard à ses fonds sans être racketté par des douanes corrompues.

D'autres pays comme le Congo ou le Nigéria offrent des exemples particulièrement révélateurs de ce que Bitcoin peut apporter. Car malgré leurs immenses richesses naturelles, ces États font face depuis des décennies à de graves difficultés économiques et à des inégalités profondes.

Dans ce contexte, les populations locales ont d'ailleurs toujours su faire preuve de pragmatisme et de résilience en développant des solutions alternatives pour préserver leur argent, vivre dignement et se projeter dans l'avenir. Bien avant l'émergence de Bitcoin, elles avaient par exemple déjà inventé la *mobile money* qui consiste à utiliser des unités de téléphonie mobile comme moyen d'échange.

Faute d'accès au système bancaire, ces unités achetées en liquide sont de ce fait devenues, dans certains cas, une forme de valeur pouvant être échangée ou revendue selon la demande. Une pratique qui, d'une certaine manière, préfigure l'usage de jetons numériques, à ceci près qu'elle reste dépendante d'acteurs centralisés capables d'en modifier les règles à tout moment.

Il n'est donc pas surprenant qu'un rapport de Chainalysis publié en 2023, et relayé par Le Monde, indique que le Nigéria figure parmi les principaux utilisateurs de cryptomonnaies au monde. Plus largement, sept des dix pays les plus actifs dans l'usage de Bitcoin sont aujourd'hui classés comme économies à revenu faible ou intermédiaire.

Et même si, selon l'étude ADAN/KPMG de 2023, 12 % des Français détiennent des cryptoactifs, dont 17% des moins de 35 ans (soit davantage que les 6,7 % de Français qui détiennent des actions en bourse selon l'AMF), l'adoption des cryptomonnaies n'apparaît ainsi pas comme un phénomène propre aux pays riches, mais bien comme un mouvement mondial porté par la nécessité économique, les besoins en transferts de fonds et l'instabilité monétaire.

Prétendre que Bitcoin n'aurait donc finalement aucune utilité pratique et ne serait qu'un simple actif spéculatif comme le soutiennent encore aujourd'hui nombre de ses opposants est par conséquent difficile à soutenir. Car même si nous n'avons pas nous-mêmes vécu en Occident l'expérience terrible d'une hyperinflation, ou si nous n'avons pas non plus vécu dans un pays totalitaire dans lequel aucun droit fondamental n'est respecté, nous devrions toujours nous projeter dans ces problématiques et comprendre la perspicacité d'une monnaie numérique décentralisée et apolitique.

BlackRock, premier gestionnaire d'actifs au monde, a ainsi obtenu en 2024 l'autorisation de la *Securities and Exchange Commission*, de proposer un ETF adossé au Bitcoin. Une évolution qui peut sembler, à certains égards, en décalage avec l'esprit initial d'une monnaie conçue pour s'affranchir des intermédiaires, mais qui témoigne néanmoins de son intégration progressive dans le système financier mondial.

*« C'est proprement avoir les yeux fermés sans
tâcher jamais de les ouvrir que de vivre sans
philosopher, et le plaisir de voir toutes les choses
que notre vue découvre n'est point comparable à
la satisfaction que donne la connaissance de
celles qu'on trouve par la philosophie… qui est
comme un arbre dont les racines sont la
métaphysique, le tronc est la physique et les
branches qui sortent de ce tronc toutes les autres
sciences. »*

*René Descartes, « Les principes de la
philosophie. »*

3. La petite histoire d'une combinaison d'inventions.

Avant d'évoquer les grandes étapes qui aboutirent à
l'invention de Satoshi Nakamoto, le père de Bitcoin, il est
important de rappeler que la cryptographie est une discipline
aussi ancienne que le langage et provient de la nécessité
qu'ont toujours eue les hommes de se transmettre des
messages secrets. Autrement dit, de préserver leur liberté,
leur vie privée et de se protéger. Cette science regroupe
aujourd'hui l'ensemble des techniques informatiques et
mathématiques de sécurisation des messages et des
informations qu'ils contiennent afin que seuls leurs
destinataires puissent en prendre connaissance en toute
sécurité.

Déjà en son temps, Galilée avait eu recours aux
anagrammes pour codifier et rendre illisibles ses

correspondances avec Kepler au sujet de ses observations de la Lune et de la cosmologie en général. Sa démarche visait à la fois à protéger la paternité de ses découvertes mais aussi à contourner les risques que ses réflexions lui faisaient courir vis-à-vis de l'inquisition qui avait condamné quelques années plus tôt le moine copernicien Giordano Bruno à être brûlé vif en place publique à Rome. Et bien plus tard, au 20e siècle, le travail du mathématicien cryptographe Alan Turing nous offre un nouvel exemple particulièrement marquant d'application pratique de la cryptographie.

Son histoire tragique racontée en 2014 dans le long métrage *The Imitation Game* montre l'impact de cette science sur nos vies car, grâce à ses talents de mathématicien et de cryptographe, Turing parvint à déchiffrer les messages des forces nazies codés par la machine *Enigma* pourtant réputée inviolable et son travail permit, selon les historiens, de réduire la Seconde Guerre mondiale d'au moins deux ans et d'éviter des millions de morts supplémentaires.

Et c'est dans le prolongement de ses travaux, face aux dérives potentielles du nouveau monde numérique si bien décrit par George Orwell dans son roman *1984,* qu'un petit groupe d'informaticiens, les cypherpunks, firent leur apparition. Ce terme cypherpunk fut inventé dans les années 1990 par l'activiste et développeuse américaine Jude Milhon et désignait les informaticiens cryptographes inspirés par les idéaux libertariens d'Ayn Rand dans ses romans *La Grève* et *La Source vive.*

À partir de ces années-là, une nouvelle forme de cryptographie, dite asymétrique, c'est-à-dire fondée sur des fonctions à sens unique, se développa. Grâce à un mécanisme mathématique dit de « trappe secrète », les messages chiffrés purent dorénavant être transmis et échangés en fonction d'un secret partagé au préalable. On parle d'asymétrie dans la mesure où deux clés sont nécessaires, une clé publique pour le transfert et une clé privée pour le déchiffrage d'un message qu'il est impossible de lire pour quiconque n'en est pas le destinataire.

Dans la foulée, de nombreux articles furent publiés sous la forme de manifestes très engagés d'un point de vue politique en considérant l'informatique comme un outil essentiel pour défendre les libertés individuelles. Le premier d'entre eux fut le célèbre *Manifeste crypto-anarchiste,* publié en 1988 par l'informaticien américain Timothy May.

La première phrase de ce texte « *un spectre surgit dans le monde moderne, le spectre de la crypto-anarchie* » reprend volontairement celle du *Manifeste du parti communiste* de Karl Marx et Friedrich Engels. May cherche ainsi à souligner l'importance politique de la cryptographie qu'il considère comme un outil d'émancipation individuelle. Et *« comme le fil de fer barbelé qui a rendu possible la clôture de vastes fermes et ranchs »,* cette obscure branche des mathématiques deviendra, dit-il, *« les pinces coupantes qui démantèleront le fil de fer barbelé qui entoure la propriété intellectuelle »*.

C'est dans cet élan parfois quasi-révolutionnaire que May fit valoir que la technologie informatique était alors sur le point de fournir aux acteurs *« la possibilité de communiquer les uns avec les autres de manière anonyme »* pour garantir la confidentialité, l'intégrité et l'authenticité des informations échangées en ligne. Malgré le fait, ajoute-t-il, que *« l'État essaiera toujours de ralentir ou d'arrêter cette technologie »*.

Et c'est pourquoi son manifeste propose un idéal de société plus respectueux des libertés individuelles afin de protéger notre vie privée. C'est-à-dire notre liberté d'échanger susceptible de dévoiler toutes les informations sensibles sur nos modes de vie, mais aussi notre façon de penser et, possiblement, notre façon d'envisager l'avenir et de voter.

Un second manifeste tout aussi important et intitulé *Manifeste d'un Cypherpunk* sera ensuite publié en 1993 par un autre informaticien de légende, l'Américain Eric Hughes pour qui le droit à la vie privée dans notre ère numérique est, dit-il, « *essentiel dans une société libre et ouverte* ». Hughes estime que des systèmes de transactions anonymes qui donneraient aux individus « *le pouvoir de révéler leur identité s'ils le souhaitent et seulement s'ils le souhaitent* » sont absolument nécessaires et que, comme « *nous ne pouvons attendre des gouvernements, des entreprises et des autres organisations majeures sans visage de nous accorder une vie privée par acte de bienveillance* », il est fondamental, selon lui, que nous luttions par nous-mêmes pour la conserver et la faire respecter.

Pour May et Hughes, le respect de la vie privée dans une société numérique de plus en plus centralisée devait donc s'appuyer sur les lois de l'informatique, c'est-à-dire du code et des mathématiques, selon la célèbre formule « *Code is Law* ». Un peu à la façon de Galilée pour qui les mathématiques, dit-il dans son essai *L'Essayeur* publié en 1623, étaient le langage de l'Univers.

Leur démarche était proche des idées des premiers anarchistes du 19e siècle comme Pierre-Joseph Proudhon selon qui seule l'entraide entre les hommes permettrait de lutter contre l'autorité hypocrite de l'État bourgeois ou de la religion coupables de maintenir les hommes dans l'ignorance, la servitude et la superstition. Et c'est la raison pour laquelle les membres de cette communauté cypherpunk furent appelés des crypto-anarchistes même si la liberté défendue par les anarchistes du 19e siècle s'incarnait dans le collectif alors que les cypherpunks défendaient plutôt la liberté individuelle et la liberté d'expression, sans censure ni répression. Loin de toutes idées collectivistes, leur démarche politique non violente consistait en fait surtout à rejeter tout pouvoir vertical et centralisé au profit d'une organisation horizontale.

Cette organisation horizontale était perçue comme un gage de liberté et de sécurité face aux vulnérabilités des structures centralisées. Un réseau vertical, comme le réseau téléphonique filaire traditionnel, peut en effet saturer lorsque tout le monde l'utilise simultanément, notamment lors des réveillons du Nouvel An. À l'inverse, le modèle distribué pair-à-pair repose sur un protocole informatique transparent, libre d'accès, lisible et modifiable par tous grâce à un code source ouvert permettant à chacun de vérifier les règles de fonctionnement du réseau.

Il faut rappeler qu'à cette époque, bien avant le controversé « *Patriot Act* » issu de l'après 11 septembre 2001, l'Internet avait déjà une très mauvaise réputation aux yeux des autorités incapables d'y voir les moindres attributs de liberté et, dans un contexte de fortes inquiétudes sécuritaires, cette technologie était même considérée comme un risque majeur pour la démocratie et ses valeurs. L'image qu'avaient les États de la cryptographie était alors encore pire car la simple idée qu'elle permettait aux citoyens de protéger leurs messages, autrement dit leurs secrets, la rendait particulièrement suspecte à leurs yeux.

La réaction, par exemple, des autorités américaines face à la diffusion et à l'exportation du logiciel gratuit de chiffrement, le PGP, pour « Pretty Good Privacy », qui est encore très largement utilisé aujourd'hui, alimenta les craintes dénoncées par les crypto-anarchistes. Ce logiciel, créé en 1991 par l'informaticien américain Philip Zimmermann afin de faire respecter le droit à la vie privée et de donner aux gens, dit-il dans une interview publiée sur son site Internet, « *le pouvoir de prendre en main leur intimité* », fut assimilé à une vente d'armes et son auteur fut poursuivi pénalement pendant plus de trois ans par les douanes américaines.

Mais comme l'expose très bien le documentaire *Une contre-histoire de l'Internet* réalisé par Sylvain Bergère en 2013 disponible sur YouTube, la plupart des créateurs de l'Internet étaient à cette époque des hippies californiens, des « *empêcheurs de tourner en rond* », incapables de s'adapter et de transiger sur leurs principes libertariens parfois extrêmes. Leur vision sincère mais quelque peu naïve de la liberté fut alors rapidement écrasée au profit des grandes firmes américaines, les GAFAM (Google, Apple, Facebook, Amazon et Microsoft) qui surent nous faire renoncer à nos libertés et à nos vies privées contre une gratuité de services qui nous a tous transformés en produits commerciaux sans que nous nous en rendions vraiment compte. Mais avec notre assentiment.

Dans cette malheureuse évolution tout à fait contraire à l'esprit libertarien des créateurs de l'Internet, les échanges numériques monétaires se multiplièrent et les banques devinrent les tiers de confiance indispensables pour le fonctionnement de l'économie moderne. Et avec l'explosion des usages d'Internet, et plus particulièrement des paiements numériques à partir des années 2000, certaines des craintes formulées par les cypherpunks commencèrent à se vérifier. Comme nous avions accepté que des entreprises commerciales collectent et exploitent une part croissante de nos données personnelles, celles-ci ont progressivement acquis une capacité inédite à reconstituer nos comportements passés et à anticiper, voire influencer nos comportements futurs. Comme le craignait donc, en bon visionnaire, Timothy May.

C'est dans ce contexte que des experts en informatique inspirés par les réflexions politiques de May et de Hughes et capables de mettre les mains dans le « cambouis de l'informatique » en écrivant du code, ont commencé à chercher les moyens de lutter contre la perte potentielle de notre vie privée et de notre liberté d'échanger. Ce fut le véritable début de l'histoire des cryptomonnaies.

Le premier informaticien cryptographe incontournable dans cette histoire est l'américain David Chaum qui a écrit dans les années 1980 un article intitulé *Untraceable Electronic Mail, Return Addresses, and Digital Pseudonyms* considéré comme l'ancêtre du protocole de sécurité du navigateur Tor. Ce logiciel libre est encore aujourd'hui très utile pour anonymiser l'origine des connexions sur Internet, ne pas laisser de traces et se protéger contre toute surveillance ou censure aussi bien pour les lanceurs d'alerte, des opposants politiques et les avocats défenseurs des libertés que, il faut bien le reconnaître, pour des organisations malveillantes ou criminelles.

Ce logiciel d'inspiration crypto-anarchiste nous montre comment Chaum a très tôt commencé à réfléchir à cette question de l'échange sur Internet et à la nécessité d'une nouvelle monnaie numérique pour contourner cette dépendance à un tiers de confiance en évitant bien sûr la double dépense déjà évoquée. Mais une nécessité qui était alors encore la vraie quadrature du cercle.

Il présenta en 1982 le premier projet de monnaie électronique anonyme, l'Ecash, avec l'idée d'utiliser la cryptographie asymétrique pour assurer la confidentialité des transactions et permettre aux acteurs de rester anonymes grâce à une liste de paiements dont la confidentialité serait assurée sans passer par un tiers de confiance. Cette idée fut très bien reçue par de nombreuses banques ou sociétés commerciales comme Crédit Suisse, Deutsche Bank, Microsoft et Visa, et la société Digicash fut créée pour développer et commercialiser cette invention très prometteuse. Mais peut-être un peu trop en avance sur son temps, il apparut très vite évident que la proposition de Chaum n'était encore en réalité qu'un système centralisé et vertical qui ne résolvait en rien le problème de la double dépense et la société Digicash fit finalement faillite.

L'étape suivante fut franchie par un autre cypherpunk célèbre, le Britannique Adam Back, qui créa en 1997 le Hashcash, un protocole informatique qui permettait de lutter contre les spams et les attaques de déni de service en faisant en sorte qu'un certain travail de calcul soit requis pour envoyer un message électronique. Un calcul toutefois assez modeste pour ne pas être une contrainte pour l'expéditeur d'un message mais qui le deviendrait mécaniquement si celui-ci en envoyait une grande quantité sans raison valable ou pour des motifs mercantiles, voire malhonnêtes.

Or, Back comprit vite que le résultat de ce calcul pouvait aussi être utile pour constituer la preuve cryptographique qu'un travail a bel et bien été effectué et qu'une dépense a été réalisée à cet effet. C'est l'invention incontournable de la preuve de travail, le PoW pour « Proof of work », que Satoshi Nakamoto cite dans son *White Paper* et qui sera une des clefs de voûte essentielles de l'invention du protocole Bitcoin à venir.

Entre temps, le chercheur et cypherpunk américano-chinois Wei Dai, considéré comme l'un des contributeurs les plus importants dans la naissance à venir de Bitcoin et dont le travail fut lui aussi cité par Satoshi Nakamoto, fit valoir en 1998 deux idées essentielles. Il s'agissait d'abord d'authentifier les transactions sur un réseau distribué pair-à-pair organisé autour d'acteurs anonymes mais identifiés par des pseudos numériques et leurs clefs publiques. Ensuite, il s'agissait d'assurer que ces transactions numériques, directes et sans tiers de confiance, permettent l'émission d'une monnaie numérique créée en contrepartie des coûts assumés par les participants qui fourniraient une preuve de travail.

Cette monnaie, appelée le B-money, permettait de créer et de maintenir une base de données qui recensait tous les échanges mais comme les participants pouvaient ne pas être connectés en permanence et de manière synchrone, le projet fut considéré trop instable et encore trop peu sûr. Ce mécanisme ingénieux proposé par Dai ne garantissait en fait pas plus la décentralisation que le Digicash de Chaum et il ne permettait pas non plus la résolution définitive et certaine du problème de la double dépense toujours en suspens.

La dernière évolution technologique majeure vint du travail d'un autre cypherpunk américain de légende, Nick Szabo qui inventa à son tour en 1998 une cryptomonnaie appelée cette fois Bitgold. En reprenant les bonnes idées de Dai et de Back, il sut astucieusement combiner la preuve de travail et l'idée d'un registre numérique appelé blockchain pour que les transactions s'enchaînent de façon chronologique.

Autrement dit, il fallait qu'elles soient horodatées afin d'en garantir l'immutabilité, c'est-à-dire l'impossibilité qu'elles soient modifiées a posteriori. Bitgold apporta ainsi deux évolutions techniques majeures, le coût de la consommation énergétique déterminerait d'abord la valeur des jetons numériques qui le composent et ces jetons seraient ensuite gérés par un registre distribué. Bitcoin était alors à portée de main.

Un dernier cypherpunk est essentiel à connaître pour comprendre l'aboutissement technologique que représente l'invention de Satoshi Nakamoto. Il s'agit de l'américain Hal Finney qui, inspiré par les propositions politiques de May et de Hughes, considérait lui aussi l'informatique comme un outil pour protéger les libertés, plutôt que pour les contrôler.

En partant du Bitgold de Szabo qui posait donc les bases de la rareté numérique, il eut l'idée en 2004 d'utiliser le principe de la preuve de travail réutilisable, le « *reusable proof of work* », en considérant que la récompense du travail effectué devrait se faire sous la forme de jetons échangeables. L'objectif était de justifier cet effort, de le rendre pérenne, utile et surtout suffisamment attractif pour inciter des acteurs à s'impliquer dans la construction de l'écosystème. Une invention aujourd'hui considérée comme le chaînon manquant ayant conduit à la révolution Bitcoin.

« *La difficulté n'est pas de comprendre les idées nouvelles, elle est d'échapper aux idées anciennes qui ont poussé leurs ramifications dans tous les recoins de l'esprit des personnes ayant reçu la même formation que la plupart d'entre nous.* »

John Maynard Keynes, « Théorie générale de l'emploi, de l'intérêt de la monnaie. »

4. L'ingéniosité d'un protocole pair-à-pair décentralisé.

Pour payer ou échanger, par exemple une somme de 100 euros, il y a donc deux possibilités. La première est simplement de donner de la main à la main à son interlocuteur un billet de banque qui correspond à la valeur de l'échange. Solution simple grâce à laquelle le billet change de main sans qu'aucun tiers n'intervienne pour garantir le transfert de propriété ou exercer le moindre contrôle sur l'échange. Au fond, quand nous achetons une mobylette d'occasion ou un journal à la maison de la presse, personne n'a besoin de le savoir, ni même de prononcer le moindre jugement moral sur cet achat et c'est précisément l'intérêt d'utiliser de l'argent liquide.

La seconde possibilité, largement plus répandue aujourd'hui à cause de la nature numérique des échanges, et notamment des échanges internationaux, consiste donc à utiliser le service d'une banque qui permet aux acteurs économiques d'échanger en toute sécurité sur Internet. La banque, sur la base d'un registre centralisé des comptes et des écritures, peut ainsi se comporter comme un garant de leurs comptes de monnaie scripturale afin d'assurer que ce qui est dépensé par les uns soit bien encaissé par les autres, évitant de ce fait toute double dépense.

Mais la banque agit ici dans une logique panoptique, c'est-à-dire qu'elle observe les participants sans qu'ils aient le sentiment d'être surveillés et elle peut également, dans le cadre légal, exploiter les informations issues de leurs activités.

La difficulté de dépasser cette alternative et d'envisager la possibilité d'échanger sur Internet, en direct et sans tiers de confiance, fut parfaitement illustrée par le problème des « *Généraux byzantins* », théorisé dans les années 1980. Il s'agissait de comprendre comment des généraux, incapables de vérifier la fiabilité des messages reçus, pouvaient coordonner une décision aussi critique qu'une attaque sans risquer une erreur fatale.

Transposé au monde numérique, ce problème montre à quel point il est difficile d'établir une confiance suffisante entre des acteurs qui ne se connaissent pas, alors même que des décisions importantes, comme l'échange de valeur, en dépendent.

Satoshi Nakamoto sut, lui, résoudre et dépasser ce problème des Généraux byzantins. Grâce aux mathématiques, il proposa avec son protocole Bitcoin la solution grâce à laquelle les acteurs pair-à-pair, autrement appelés les nœuds, pourraient dorénavant interagir sur Internet sans confiance *intuitu personae*, sans que personne ait besoin de se faire confiance. C'est-à-dire de manière entièrement décentralisée.

Cet ingénieux mécanisme appelé en l'honneur de son créateur le « consensus de Nakamoto » est issu des travaux de Chaum, Back, Dai, Szabo et Finney et il repose sur la mécanique algorithmique de la blockchain, ce registre numérique constitué d'une série de blocs qui s'enchaînent, les uns après les autres au fur et à mesure du temps. Un peu comme un cahier, ou un livre de comptes, auquel tout le monde peut accéder et dont nous tournerions les pages quand elles sont pleines afin de continuer à inscrire sur les suivantes les informations qui s'accumulent.

Avant d'être associée au modèle décentralisé imaginé par Satoshi Nakamoto, la technologie blockchain, en réalité assez ancienne, servait surtout à horodater et à vérifier des bases de données distribuées à intervalles réguliers. Et c'est d'ailleurs la raison pour laquelle Satoshi Nakamoto ne parle pas dans son *White Paper* de blockchain mais évoque plutôt un « *timestamp server* ». En d'autres termes un système d'horodatage basé sur l'heure Unix qui correspond au nombre de secondes écoulées depuis le 1er janvier 1970 et qui enregistre formellement les transactions au fur et à mesure qu'elles sont créées pour les rendre immuables, éternelles et donc infalsifiables. Mais à la différence d'une simple page de registre sur laquelle des « lignes » seraient inscrites, un bloc a des caractéristiques structurelles très précises qui répondent aux exigences du protocole dans la manière d'être validé.

Un bloc contient d'abord une transaction spéciale appelée « coinbase », toujours inscrite en première position. Elle permet d'attribuer la récompense à l'acteur qui valide le bloc, le « mineur », et peut également contenir certaines données arbitraires, comme un message ou une signature.

Il est ensuite composé d'un en-tête, le « header », dans lequel sont inscrites des informations indispensables comme le « timestamp » qui permet de l'horodater et « l'identifiant » qui est l'empreinte cryptographique du bloc précédent auquel il est lié. Enfin, et c'est peut-être un des points les plus importants, toutes les informations de transactions sont inscrites et agencées dans le corps du bloc grâce à une logique mathématique de structure arborescente appelée l'arbre de Merkle en l'honneur de son inventeur, le cryptographe américain Ralph Merkle. Associé à la fonction de hachage SHA-256, ce mécanisme permet de résumer et vérifier les données et de garantir qu'une même donnée produit toujours le même résultat, tandis qu'une modification minime en change totalement l'empreinte. Ce mécanisme sécurise ainsi les transactions.

Mais cette fonction SHA-256 est aussi utilisée pour valider les blocs de la blockchain grâce à l'exécution d'un travail appelé « minage » par analogie avec l'extraction de l'or, ce métal précieux dont l'écosystème Bitcoin va progressivement s'inspirer. Le minage consiste à mettre en concurrence les mineurs, c'est-à-dire ces acteurs du réseau pair-à-pair qui, à défaut de pioches, de pelles, de mercure et d'exploitation humaine, valident les blocs. Et qui, en échange du travail mathématique réalisé à cet effet par de puissants ordinateurs appelés des ASIC, pour « *Application Specific Integrated Circuit* », obtiennent des bitcoins attribués automatiquement à ceux qui y parviennent.

Le problème mathématique que les mineurs doivent résoudre pour valider un bloc et les transactions qui y sont inscrites n'est en réalité pas très complexe par nature car, au fond, c'est un peu comme s'il fallait lancer des dés à jouer jusqu'à trouver une combinaison particulière un certain nombre de fois à la suite. Cette opération, souvent comparée au Sudoku, ce jeu plus ou moins difficile à résoudre mais très simple à vérifier une fois toutes les 81 cases remplies, demande toutefois une capacité de calcul très importante puisqu'il faut obtenir cette combinaison par « force brute », c'est-à-dire en tentant toutes les combinaisons potentielles jusqu'à trouver le bon résultat le plus rapidement possible afin de limiter les coûts liés à l'énergie consommée pour y arriver.

Concrètement, le protocole contraint les mineurs à chercher tous en même temps un nombre aléatoire appelé le nonce, pour « number only used once », qui doit, à partir de l'empreinte cryptographique des transactions du bloc à valider, correspondre à un seuil qui commence par un certain nombre prédéterminé de « 0 ». Et tant que le résultat des opérations aboutit à une empreinte avec un nombre de « 0 » inférieur à ce qui est recherché, les mineurs doivent tout simplement recommencer l'opération de calcul, encore et encore.

Lorsque l'un d'entre eux trouve ce résultat et qu'il peut le prouver, c'est le principe de la preuve de travail, le mineur en question obtient le droit d'inscrire son nom pour valider le bloc et toutes les transactions qu'il contient. L'ensemble du réseau peut aisément vérifier que la validation est correcte et passe alors au bloc suivant sur lequel sont déjà en cours d'inscription de nouvelles transactions qui attendent d'être validées à leur tour. Et ainsi de suite, dans une logique d'enchaînement mécanique, sans que la validation d'un bloc ne nécessite jamais l'intervention du moindre organisme de contrôle externe. Autrement dit sans le moindre tiers de confiance.

Cette manière de concevoir un réseau sans centre ni hiérarchie n'est pas sans résonance avec certaines traditions philosophiques. Chez Baruch Spinoza, par exemple, la liberté ne se réduit pas à l'absence de contrainte mais suppose de comprendre les mécanismes qui nous déterminent. La servitude tient donc moins à une domination visible qu'à l'inscription, souvent inconsciente, dans des systèmes dont nous ignorons les causes.

Et dans le prolongement de cette intuition, Gilles Deleuze et Félix Guattari ont proposé de penser des formes d'organisation affranchies des structures centralisées en évoquant le concept de « rhizome ». C'est l'idée d'un réseau sans centre, sans hiérarchie, dans lequel chaque point peut se connecter à un autre selon une logique d'expansion horizontale.

Sans établir de filiation directe, il est frappant de constater que leurs idées trouvent un écho particulier dans les réflexions des communautés cypherpunks et dans l'architecture même du protocole imaginé par Satoshi Nakamoto. En substituant à la confiance institutionnelle un mécanisme algorithmique vérifiable par tous, Bitcoin propose précisément un système où l'autorité est dissoute dans le réseau lui-même. Et sous cet angle, il ne s'agit plus seulement d'une innovation technique, mais peut-être du signe d'un déplacement plus profond dans notre manière de penser l'organisation collective, la confiance et la liberté.

L'idée ingénieuse de Satoshi Nakamoto consistait donc à faire en sorte que les mineurs travaillent à résoudre un problème mathématique pour « graver dans le marbre » l'historique des transactions en cours et établir un consensus irréversible pour l'avenir. Et qu'ils le fassent malgré la nécessité de dépenser de l'énergie.

Or, comme les mineurs n'ont pas forcément les mêmes motivations idéalistes que Satoshi Nakamoto et qu'ils ont même une légitime démarche de rentabilité commerciale plus terre à terre puisque le travail de minage représente un coût important en raison de la consommation électrique des ASIC, l'astuce du créateur de Bitcoin fut de reprendre l'idée de Hal Finney. Selon lui, la validation réussie d'un bloc offrirait d'abord le paiement de frais pour chaque transaction, mais aussi une récompense sous la forme d'un nombre prédéfini de jetons numériques qu'ils pourraient dès lors revendre ou échanger comme s'il s'agissait de dollars, d'euros, de cartes de collection ou d'une marchandise quelconque.

L'autre originalité fondamentale du protocole Bitcoin que nous avons déjà évoquée est que la récompense offerte aux mineurs sous la forme de jetons à chaque bloc validé diminue mécaniquement de moitié tous les quatre ans lors d'un évènement appelé le « halving ». La création des bitcoins, dont la masse totale est plafonnée à 21 millions d'unités, diminue mécaniquement avec le temps, contribuant ainsi à en accroître la rareté et, potentiellement, la valeur. Par exemple, en 2010, les premiers blocs de la blockchain Bitcoin attribuaient aux mineurs qui les validaient 50 bitcoins et, à partir du mois d'avril 2024, cette récompense ne sera plus que de 3,125 bitcoins par bloc validé, jusqu'à diminuer de nouveau de moitié en 2028, et ainsi de suite.

Le mécanisme de preuve de travail permet par conséquent que les nouveaux blocs soient non seulement créés et validés toutes les 10 minutes environ, mais qu'ils le soient de façon stable, maîtrisée et sûre, de manière à ce que la blockchain continue sans cesse d'évoluer en permettant aux nouvelles transactions d'être prises en compte sans interruption. Et pour être sûr que ce délai de 10 minutes soit respecté afin de certifier cette stabilité et la sécurité du réseau, la difficulté du minage est automatiquement réajustée, à peu près toutes les deux semaines, soit tous les 2016 blocs, afin d'augmenter la puissance de calcul requise si la résolution du problème mathématique a été trop rapide, ou de la diminuer si celle-ci a été trop lente.

Il y a toutefois un risque inhérent à ce consensus de Nakamoto car si un acteur disposait de plus de la moitié de la puissance de calcul nécessaire pour valider un bloc sans être mis en concurrence avec les autres, il serait alors en mesure de contrôler le réseau, c'est-à-dire qu'il pourrait valider unilatéralement un bloc et effectuer une double dépense. Il s'agit d'une « attaque à 51 % » dont Satoshi Nakamoto lui-même craignait les effets potentiellement dévastateurs sur la blockchain Bitcoin car la puissance de calcul à réunir pour atteindre cette majorité et le contrôle de la blockchain était techniquement envisageable pendant les premières années du protocole, même si la valeur de l'écosystème n'intéressait alors encore heureusement personne.

Ce type d'attaque semble toutefois impossible à réaliser aujourd'hui pour deux raisons majeures. D'abord parce que produire 51 % de la puissance de calcul pour contrôler le réseau représenterait un coût tout à fait exorbitant. Mais c'est aussi parce qu'une telle attaque serait en réalité contre-productive, car elle détruirait la confiance dans la blockchain et, avec elle, la valeur du système lui-même. Une nouvelle branche de la blockchain, issue de ce que l'on appelle un « fork », serait immédiatement et logiquement suivie par la majorité des acteurs honnêtes du réseau, ce qui anéantirait de ce fait l'utilité et l'efficacité de cette attaque qui, pour être pérenne, devrait en outre être recommencée toutes les dix minutes, à chaque nouveau bloc.

Un fork peut aussi être le résultat d'une différence d'opinion ou de vision sur la manière d'interpréter ou de faire évoluer le protocole. En 2017, par exemple, des membres de la communauté Bitcoin ont considéré que la taille des blocs, limitée à 1 mégaoctet par le protocole originel, l'empêchait de devenir le système de paiement efficace que Satoshi Nakamoto, selon eux, prévoyait d'en faire. De fait, ils ont souhaité l'augmenter afin de faciliter à la fois la scalabilité et une « mise à l'échelle » du réseau en fonction de la demande.

Mais face au refus des développeurs de modifier le protocole Bitcoin, un nouveau réseau indépendant, autrement dit issu d'un fork, fut alors créé et une nouvelle cryptomonnaie jumelle appelée Bitcoin Cash vit le jour. Fondé sur le même protocole que Bitcoin, Bitcoin Cash fut implémenté par la règle selon laquelle la taille des blocs serait dorénavant de 8 mégaoctets afin d'assurer un nombre bien plus important de transactions par bloc. Et cette taille fut de nouveau augmentée en mai 2018 à 32 mégaoctets afin de devenir un véritable système de paiement capable de concurrencer les réseaux de paiement Visa ou Mastercard.

Ce fork nous montre d'ailleurs un aspect très original de la décentralisation de Bitcoin car si la fiabilité de la blockchain est assurée grâce aux mineurs et à la preuve de travail fournie, la sécurité et la pérennité du réseau sont également garanties par quelques développeurs chargés de la maintenance du logiciel appelé Bitcoin Core. Le rôle de ces « gardiens du temple » consiste surtout à veiller à la santé du réseau et à étudier toutes les évolutions techniques qui s'avéreraient nécessaires et qui peuvent être proposées par tout un chacun dans l'intérêt et la sécurité de tous.

Le premier d'entre eux fut bien sûr Satoshi Nakamoto qui transmit ce statut à Gavin Andresen en décembre 2010. Aujourd'hui au nombre de cinq, ces informaticiens peu connus du grand public agissent dans le cadre d'un modèle de contribution ouvert dans lequel ils ont acquis leur statut grâce à un processus méritocratique fondé sur la qualité de leurs contributions antérieures constamment évaluées par l'ensemble de la communauté. Et même si le fait de détenir les « clefs » du code informatique du protocole confère à ces développeurs un pouvoir qui peut sembler contraire à toute idée de décentralisation, ces informaticiens n'ont en réalité aucune forme de privilège ou d'autorité.

Ils n'ont pas, en réalité, le moindre pouvoir de modifier une ligne de code sans l'accord tacite, mais bien réel, de tous les autres acteurs que sont les nœuds pair-à-pair du réseau et tous les utilisateurs qui pourraient leur opposer une fin de non-recevoir sous la forme d'un fork.

Cette nouvelle forme de décentralisation, héritée de l'esprit des premiers crypto-anarchistes, est bien décrite par le cypherpunk Jameson Lopp dans un article intitulé *Who controls Bitcoin Core*, publié sur le site de l'université en ligne saylor.org. Selon lui, le protocole Bitcoin peut se comparer à une langue car le sens des mots y émerge de manière « organique », plutôt que d'être imposé par un dictionnaire ou une académie des lettres. De la même manière, les implémentations du protocole décrivent ce langage à travers du code, sans jamais pouvoir s'imposer à ceux qui choisissent de ne pas les adopter.

Autrement dit, l'originalité de Bitcoin est de ne pas reposer sur un mécanisme de décision centralisé capable d'imposer des changements à l'ensemble du réseau. Il incarne plutôt une forme de gouvernance sans dirigeants, fondée sur des règles librement acceptées par ses participants.

En tant que réponse au problème symbolisé par l'histoire des Généraux byzantins, le système de la preuve de travail est au fond une manière astucieuse d'impliquer les mineurs qui s'investissent pour soutenir un réseau vertueux dans lequel chaque participant a intérêt à être honnête et dans lequel le moindre acteur malhonnête aurait finalement plus à perdre qu'à gagner en l'attaquant. L'incitation financière qui encourage les mineurs à travailler pour obtenir des bitcoins en récompense qu'ils peuvent ensuite monnayer en tant qu'unités de cette nouvelle base monétaire, et dont la valeur est garantie par sa rareté, assure la décentralisation si originale du système. On parle ainsi de « *consensus permissionless* », c'est-à-dire d'un système ouvert dans lequel chacun peut participer sans autorisation préalable. Ce mécanisme permet désormais d'échanger de la valeur sur Internet en ne faisant confiance qu'à un protocole *open source* que personne ne peut, individuellement, modifier ou contrôler sans l'accord implicite des autres participants.

Et le risque d'être personnellement poursuivi comme un vulgaire faux-monnayeur si son identité venait à être découverte, fut probablement la raison pour laquelle Satoshi Nakamoto, prudent, disparut définitivement de la circulation après que Gavin Andresen a annoncé en 2011 qu'il comptait répondre aux questions du FBI sur la nature de cette « nouvelle monnaie ».

Dans le contexte délétère de l'affaire WikiLeaks de Julian Assange dont le site et l'organisation, financés en partie en bitcoins, furent censurés en 2010 à la suite de la divulgation d'informations compromettantes sur les comportements illégaux de certains États, Satoshi Nakamoto avait déjà publié le 12 décembre 2010 un message dans lequel il expliquait être passé à autre chose. De fait, personne n'a jamais plus entendu parler de lui depuis, même si les adresses publiques de ses portefeuilles cryptographiques composés de bitcoins issus des premières années de minage, et qui feraient potentiellement de lui aujourd'hui l'un des hommes les plus riches du monde, sont continuellement scrutées à la loupe.

« Dans l'âme collective, les aptitudes intellectuelles des hommes, et par conséquent leur individualité, s'effacent… Cette mise en commun de qualités ordinaires nous explique pourquoi une foule ne sauraient accomplir d'actes exigeant une intelligence élevée… Les décisions d'intérêt général prises par une assemblée d'hommes distingués, mais de spécialités différentes, ne sont pas sensiblement supérieures aux décisions que prendraient une réunion d'imbéciles. Ils peuvent seulement associer en effet ces qualités médiocres que tout le monde possède. »

Gustave Lebon, « Psychologie des foules. »

5. Le tournant de la crise financière de 2007.

À la lecture du *White Paper*, nous pouvons nous étonner de constater que Satoshi Nakamoto, à défaut de parler de cryptomonnaie, s'attache surtout à résoudre ce problème informatique lié à l'échange de valeur sur Internet sans tiers de confiance. En bon technicien, il n'y exprime en fait jamais la moindre volonté de donner à son invention une dimension politique, économique ou philosophique même s'il évoque dans le chapitre 10 de son article la liberté d'échanger et le respect de la vie privée d'un point de vue technique. Mais le fait d'avoir inscrit quelques mois plus tard dans le coinbase du premier bloc de la blockchain Bitcoin, dit le « bloc genesis », la dorénavant célèbre une du journal The Times du 3 janvier 2009, *Chancellor on brink of second bailout for banks*, ce qui signifie, en gros, que l'équivalent anglais du ministre des Finances a mis la main à la poche pour sauver les banques défaillantes, n'est pas anodin.

En plus de servir d'horodatage scellant le point de départ officiel de la blockchain Bitcoin, ce titre stigmatise la crise des subprimes de 2007 et suggère une critique de la création monétaire mise en œuvre pour y faire face. Il est ainsi difficile de ne pas y voir l'expression d'une certaine conviction, nourrie par les échanges des communautés cypherpunks de l'époque autour du pouvoir des États à créer de la monnaie.

Car dans une économie moderne, la monnaie en circulation est créée en grande partie par les banques commerciales lorsqu'elles accordent des crédits. Ce mécanisme repose sur la comptabilité à partie double grâce auquel, lorsqu'une banque accorde un prêt, elle inscrit simultanément à son actif une créance sur l'emprunteur et, à son passif, le dépôt correspondant sur son compte. Autrement dit, la monnaie est créée au moment même où le crédit est accordé, puis détruite progressivement à mesure que ce crédit est remboursé.

Ce pouvoir de création monétaire ne s'exerce toutefois pas sans contraintes. Il s'inscrit dans un cadre réglementaire strict, notamment à travers des exigences de fonds propres et des ratios prudentiels destinés à garantir la solidité du système bancaire. Par ailleurs, il s'appuie sur un autre principe fondamental : celui de la réserve fractionnaire.

Historiquement, les banques ont commencé par conserver des dépôts, souvent en or, en échange de certificats. Mais comme elles ont rapidement constaté que tous les déposants ne retiraient jamais leurs fonds simultanément, elles ont alors prêté une partie de ces dépôts, créant de ce fait davantage de monnaie en circulation que les réserves effectivement détenues. Ce mécanisme, aujourd'hui institutionnalisé, permet de soutenir l'investissement et la croissance en facilitant la circulation du crédit. Il repose néanmoins sur un élément essentiel : la confiance. Et tant que les déposants ne cherchent pas massivement à récupérer leurs fonds, l'équilibre est maintenu et le système fonctionne de manière fluide.

Dans ces conditions, le risque de faillite reste limité et les banques peuvent exercer leur rôle d'intermédiation, finançant l'économie dans un cercle vertueux de consommation, de production et de prélèvements fiscaux. Mais cet équilibre demeure fragile car lorsque la confiance disparaît, les tensions inhérentes à ce mode de création monétaire de type « monnaie dette » apparaissent au grand jour.

C'est précisément ce que suggère la référence de Satoshi Nakamoto à la crise financière de 2007. Pour comprendre l'origine de cette crise qui stigmatise donc la création monétaire illimitée, il faut revenir aux politiques monétaires mises en œuvre au début des années 2000 par la Réserve fédérale américaine, la Fed. Des taux d'intérêt durablement bas ont favorisé un accès massif au crédit immobilier, conduisant à une augmentation rapide et excessive de l'endettement des ménages.

À cette époque, de très nombreux Américains devinrent propriétaires de leurs logements sous l'impulsion de taux d'intérêt très bas. Et si le montant total des crédits immobiliers aux particuliers, en passant de 57 milliards de dollars en 2001 à près de 455 milliards de dollars en 2005, atteignit des niveaux tout à fait exorbitants, bien au-delà du raisonnable, le fait est qu'une part importante des prêts accordés, les subprimes, reposait sur des hypothèses de remboursement fragiles. La complexité croissante des produits financiers, combinée à des pratiques de titrisation opaques, a contribué à diffuser le risque dans l'ensemble du système financier, souvent à l'insu même des acteurs.

Et si les légitimes innovations en matière de finance sont d'abord destinées à servir intelligemment les intérêts des acteurs économiques en permettant, par exemple, à une compagnie aérienne d'acheter son carburant 6 mois plus tard à un prix fixé aujourd'hui afin de se prémunir des éventuelles hausses trop importantes du prix du pétrole, la complexité et l'opacité de la finance de ces années-là entraînèrent des abus inadmissibles. Les banques surent contourner les réglementations et organiser des montages complexes au point que personne, même les banques centrales, ne semblait capable de les comprendre le jour de l'explosion de la bulle.

L'ensemble du secteur, de surcroît trompé par les mensonges des agences de notation, comprit bien trop tard que les subprimes, ces prêts à taux variables, avaient été accordés en fonction d'une valeur irréaliste des biens achetés et que, en plus, ils avaient tous été revendus sous forme de titres financiers complexes pour diluer les risques et les partager entre des investisseurs qui pensaient pouvoir gagner gros en cas de succès et perdre peu en cas d'échec.

Quand les bourses se sont effondrées à partir de 2002 suite à l'explosion de la bulle Internet, la Fed releva alors progressivement ses taux de 1 % en 2004 à plus de 5 % en 2006 pour tenir compte de l'évolution de l'inflation et la contenir. Logiquement, les mensualités des emprunteurs à taux variable explosèrent, les faillites personnelles aussi et les banques qui saisirent les biens immobiliers furent, elles, incapables de les vendre. D'abord parce qu'ils avaient été surestimés et ensuite parce qu'il n'y avait de toute façon aucun acheteur. Les cascades de catastrophes s'enclenchèrent et la chute de la banque Lehman Brothers, mise en faillite le 15 septembre 2008, fut peut-être le symbole le plus important de cette crise sans précédent et dont personne n'aurait imaginé le dénouement.

L'administration Bush, qui avait pourtant alimenté l'incendie en incitant les Américains à s'endetter sans en avoir vraiment les moyens, prit alors la décision très controversée de ne pas sauver cette banque qui avait très largement abusé de ses prérogatives, en imaginant que cette faillite aurait des vertus morales sur le long terme. Mais l'idée d'en faire un exemple pour ne pas cautionner un monde bancaire devenu fou mit la finance mondiale dans un état de panique total.

Entre le 1er janvier et la fin 2008, le CAC 40, l'indice boursier de la Bourse de Paris, perdit plus de 44 % de sa valeur, le Dow Jones américain, lui, s'effondra de 36 % et les dix premières capitalisations boursières qui représentaient encore 900 milliards de dollars en 2006 n'en valaient plus que 300 milliards en 2009.

Les États et leurs banques centrales, dont l'action n'était plus limitée par l'étalon-or depuis la fin des accords de Bretton Woods, reprirent les choses en main en s'engageant dans de nouvelles politiques monétaires afin d'éviter à tout prix les dégâts d'une crise systémique au niveau des banques privées supposées alimenter la croissance de l'économie dite réelle. Dans une frénésie d'interventions publiques, ministères des Finances et banquiers centraux élaborèrent des plans de relance de type keynésien pour empêcher tout le système bancaire mondial de s'effondrer. Ce fut, au fond, le retour à une forme de « planche à billets », que la Ford Foundation, dans une étude commandée par le Levy Economics Institute en 2011, dénonça en rappelant que la Fed avait créé, ou engagé, plus de 29 000 milliards de dollars pendant cette période. Et que cette création de liquidité avait été réalisée en « *cliquant simplement sur un bouton d'ordinateur* » comme le reconnut en mars 2009 son président de l'époque, Ben Bernanke.

En réalité, les banques centrales des pays modernes et démocratiques n'avaient pas le droit d'intervenir directement pour soutenir l'économie. En tant qu'institutions financières en charge de la gestion des politiques monétaires et du contrôle de l'inflation, leur rôle était de maîtriser la valeur de la monnaie et d'assurer le crédit interbancaire afin de soutenir le principe de la réserve fractionnaire, le principal moteur de la croissance des économies modernes.

La Fed est d'ailleurs un consortium d'acteurs publics et privés dont la mission est de protéger à la fois l'intérêt public et les intérêts des banques privées qui en sont membres et elle est, à ce titre, tout à fait en mesure de refuser certaines injonctions du pouvoir exécutif. Les tensions récentes entre Donald Trump et Jerome Powell ont d'ailleurs illustré les limites du pouvoir exécutif face à l'indépendance institutionnelle de la banque centrale. Quant à la BCE, la banque centrale européenne, elle est normalement, elle aussi, complètement indépendante du pouvoir politique depuis le traité de Maastricht de 1991 et l'article 123.1 du traité sur le fonctionnement de l'Union européenne issu du traité de Lisbonne de 2007 qui lui interdit de financer le moindre déficit public.

Mais comme le pouvoir exécutif et les banquiers ne sont jamais à court d'idées ingénieuses pour trouver les moyens de s'endetter moins cher, les États surent, comme le rappelle donc la citation de Satoshi Nakamoto, détourner les règles et mettre la main à la poche. Car face aux conséquences potentiellement dramatiques de cette crise, les banques ne se contentèrent alors plus de seulement fixer le taux du crédit interbancaire, elles devinrent aussi des prêteurs en dernier ressort pour contrebalancer le manque de confiance causé par la faillite de Lehman Brothers. Leur but affiché était de permettre aux banques privées d'exercer leur métier en alimentant l'économie réelle de crédits dont elle avait particulièrement besoin.

L'exemple le plus révélateur de cette ingéniosité est celui d'un procédé très commun aujourd'hui, appelé le « quantitative easing ». Mis en œuvre par la Fed dès 2008, la BCE y eut également recours en rachetant de la dette souveraine de pays de la zone euro au rythme de 60 milliards d'euros par mois pendant au moins 18 mois. Ce programme, au départ considéré comme une « monétisation temporaire », consistait donc à contourner l'interdiction qui est faite aux banques centrales de racheter des dettes publiques sur le marché primaire en le faisant sur le marché secondaire dans la mesure où l'argent dépensé à acheter des actifs financiers comme des obligations publiques ou privées ne visait pas directement à réduire les dettes de l'État. Au fond, c'est un peu comme si la banque centrale n'achetait plus de voitures neuves mais les achetait plutôt à des particuliers pour leur fournir du cash et soutenir indirectement l'économie réelle, l'investissement, la production et la consommation.

Il s'agissait donc d'une astuce pour stimuler la croissance, redresser le taux d'inflation et éviter que l'économie ne tombe en déflation que les États veulent toujours éviter dans la mesure où si les revenus étaient maintenus constants et que les prix, eux, baissaient, ils ne pourraient dès lors plus imposer les gains réels dont profitent les acteurs économiques.

Mais selon un document publié sur le site Internet de la Banque de France, les investissements liés au quantitative easing, et notamment pour affronter la pandémie de Covid-

19, représentaient déjà en 2021 un total de 3169 milliards d'euros. Ce qui, indirectement, a constitué une création monétaire sans précédent et est tout simplement revenu à faire tourner la planche à billets en ayant augmenté massivement la masse monétaire en circulation ainsi que l'endettement public qui, comme nous allons le voir, sont les vraies causes de l'inflation.

Face à la crise du Covid, Jerome Powell reconnut d'ailleurs à son tour que la Fed avait encore largement dépassé son rôle de maîtriser la valeur de la monnaie. Lors d'une interview sur la chaine américaine CBS, il admit ainsi que « *le système avait été inondé de cash* » en mai 2020, et qu'il s'agissait bien, même sous une forme numérique, d'une forme contemporaine de planche à billets.

La banque centrale, en émettant une monnaie ultime qui n'avait pas à être convertie en autre chose, était donc bien redevenue le prêteur en dernier ressort. Elle pouvait, de ce fait, suspendre provisoirement les principes ordinaires du marché au nom même de sa préservation. Mais, comme le rappelle l'effet Cantillon, la monnaie nouvellement créée ne se répand pas également dans l'économie, elle bénéficie d'abord aux acteurs situés au plus près de sa source d'émission. L'économie réelle ne profita donc de cette création monétaire que de manière indirecte et inégale, tandis que les marchés financiers et les institutions bancaires furent les premiers destinataires de l'intervention monétaire.

Et malgré une forme d'aveuglement collectif face à une dette publique française qui a dépassé les 3300 milliards d'euros en 2024, cette création monétaire semble bien constituer une dérive préoccupante pour nos économies. Elle a permis aux États de s'endetter massivement, rapidement et à faible coût, prolongeant ainsi une logique que Satoshi Nakamoto pointait déjà en 2009 lorsqu'il dénonçait la dépendance du système financier à l'égard des banques centrales et des sauvetages publics. Car si la dette publique n'a pas été, *stricto sensu,* créée par les banques centrales et si elle demeure d'abord de la responsabilité des États, il n'en reste pas moins que, sans leur intervention, elle n'aurait probablement pas pu croître avec une telle ampleur ni à un coût aussi faible. Le FMI indiquait ainsi en 2024 que la dette publique mondiale devrait dépasser les 100 000 milliards de dollars et continuer à augmenter à moyen terme. C'est dans ce contexte que l'émergence de Bitcoin prend tout son sens.

Car sans se présenter explicitement comme une alternative politique, le protocole imaginé par Satoshi Nakamoto propose néanmoins une architecture monétaire radicalement différente : une monnaie dont les règles d'émission sont fixées à l'avance, indépendantes de toute décision discrétionnaire, et dont la quantité totale est strictement limitée.

Là où les systèmes monétaires contemporains reposent sur la confiance accordée aux institutions, Bitcoin substitue à cette confiance un mécanisme algorithmique transparent, vérifiable par tous et ne dépendant d'aucune autorité centrale. Ce faisant, il ne répond pas seulement à un problème technique d'échange sur Internet, mais s'inscrit aussi, de manière plus implicite, dans une réflexion plus large sur la nature de la monnaie et sur les limites des modèles existants.

« L'inflation a toujours été un moyen d'assurer des politiques de guerre et de révolution et c'est pourquoi nous la trouvons aussi au service du socialisme. »

Ludwig Van Mises, « La théorie de la monnaie et du crédit. »

« Pour moi, tous les gens sont de droite…, vous en connaissez, vous, des gens de gauche qui, à la chute du mur de Berlin, se sont enfuis à l'Est ? »

Gaspard Proust, « Ce soir ou Jamais », France 3 (YouTube).

6. La création monétaire et les dangers de l'inflation.

La critique formulée par les cypherpunks libertariens et la création du protocole Bitcoin qui en est donc l'écho, nous renvoie maintenant à trois économistes majeurs dont les idées retrouvent aujourd'hui un regain d'intérêt après les échecs historiques de nombreuses expériences socialistes et la remise en cause croissante des politiques de planification et de création monétaire. Carl Menger, l'un des économistes les plus influents de la fin du 19e siècle, Ludwig von Mises et surtout Friedrich August von Hayek, prix Nobel d'économie en 1974 et figure très souvent citée dans l'écosystème des cryptomonnaies.

Menger, Mises et Hayek, tous les trois Autrichiens, ont vécu la fin de l'Empire austro-hongrois et les tumultes de la

Première Guerre mondiale et ils furent chacun formés dans une atmosphère intellectuelle viennoise extrêmement fertile issue de la philosophie des Lumières allemande, anglaise et française. Portés par une vision rationnelle, presque copernicienne, du monde et de la nature humaine, ils construisirent leur pensée économique à travers le prisme très large des sciences humaines. La défense des libertés en constituait l'idée de fond, donnant à leurs réflexions une dimension à la fois pratique, technique, sociale et philosophique.

On retrouve par exemple chez Menger l'influence de la philosophie politique de l'Anglais Thomas Hobbes proche des réflexions matérialistes de Spinoza et pour qui les individus, les États et les collectivités obéissent à des mécanismes de causalité qu'il s'agit d'expliquer de manière rationnelle. Sans faire référence à la moindre transcendance.

Dans *Principes d'économie politique* publié en 1871, Menger montre par exemple que toute connaissance repose sur l'analyse des liens de causalité. Il y définit l'économie comme une discipline dont le rôle est de « *retracer les chaînes causales des phénomènes d'échange, de production et de consommation* ». Menger mit donc fin à une vision d'inspiration religieuse de l'économie selon laquelle les processus sociaux ne seraient que le résultat de « *la main de Dieu* » ou d'un pouvoir centralisé capable, à tort, de comprendre et de déterminer ce qui serait le mieux pour la collectivité.

Dans son essai *L'action humaine* publié en 1949, Mises affirme à son tour que « *le sujet de l'économie, ce n'est pas les biens et les services mais c'est l'action et les choix humains* » afin de montrer que ce sont l'ignorance et les fausses idéologies qui sont la source des malheurs que s'inflige l'humanité. Il prolonge ainsi l'approche subjectiviste de Menger, selon laquelle, dit-il, « *la théorie économique vise la validité à titre général sans jamais servir aucune cause ni aucune idéologie particulière* ».

Autrement dit, pour Menger et Mises, seule importe la vérité rationnelle qui repose sur une conception causale et déterministe des choses développée quelques années auparavant par l'économiste libéral français Frédéric Bastiat, dont Mises s'est grandement inspiré au début de sa carrière d'enseignant.

Dans son essai *Ce qu'on voit et ce qu'on ne voit pas* publié en 1850, Bastiat prolonge d'ailleurs une manière de penser proche du spinozisme selon laquelle une décision humaine ne vaut jamais seulement par son intention immédiate mais par la chaîne d'effets qu'elle déclenche. Il nous explique que « *dans la sphère économique, un acte, une habitude, une institution, une loi n'empêche pas seulement un effet, mais une série d'effets. De ces effets, le premier seul est immédiat ; il se manifeste simultanément avec sa cause, on le voit. Les autres ne se déroulent que successivement, on ne les voit pas, heureux si on les prévoit* ».

Hayek, lui, analyse enfin dans son essai *L'ordre sensoriel* publié en 1952 le cerveau et les comportements humains et il en tire l'idée que les décisions économiques s'inscrivent toujours dans l'incertitude et l'ignorance partielle. En bon spinoziste, Hayek rappelle ainsi que l'homme, s'il est conscient de ses actions, ignore toujours les causes qui les déterminent.

Selon lui, seule la prise en compte de cette ignorance, sans la masquer derrière la morale, les croyances, les préjugés ou les idéologies politiques, permet d'analyser correctement le comportement des acteurs économiques. Et, par extension, d'envisager que ce qui est bon pour les individus, l'est aussi pour la société et l'État.

Or, conformément à l'idée de liberté de conscience que Spinoza expose justement dans son *Traité théologico-politique* selon lequel « *pour maintenir ce droit le mieux possible et assurer la sûreté de l'État, il faut laisser chacun libre de penser ce qu'il voudra et de dire ce qu'il pense* ». Mises et Hayek considèrent en fait eux aussi qu'à défaut de pouvoir décider d'autorité ce qui serait bon ou mauvais pour les hommes, la liberté demeure le seul fondement d'un État de droit.

Au contraire, prétendre améliorer la collectivité en utilisant la coercition institutionnelle, la contrainte ou la violence, ou l'organiser en soumettant les individus à des décisions prises en amont, sans prendre en compte leur complexité ontologique, ne peut aboutir qu'à des échecs et à des catastrophes. Et tout État totalitaire, planifié et liberticide est, selon eux, non seulement inefficace mais il serait logiquement toujours contraint à disparaître.

Pour les économistes autrichiens, comme pour les cypherpunks, les crypto-anarchistes et les libertariens qui reprendront cette idée à leur compte plus tard, aucun État ne dispose jamais des vraies informations pratiques et nécessaires pour gérer correctement une société. Et si cet État n'en prend pas conscience et s'entête à imposer des décisions verticales, celui-ci finira indubitablement par agir contre ses propres intérêts et ceux des acteurs économiques.

Dans son essai *Socialisme, étude économique et sociologique* publié en 1938, Mises formule d'ailleurs cette critique de manière particulièrement nette. Il y explique notamment, avec un certain humour, que « *du fait de la destruction du système des prix, le paradoxe de la planification tient à ce qu'il est impossible d'y faire un plan, faute de calcul économique. Et ce que l'on dénomme économie planifiée n'est pas une économie du tout, c'est tout juste un système de tâtonnements dans le noir* ».

Cette critique que font les autrichiens du calcul économique ne concerne pas seulement les régimes socialistes déclarés. Elle vaut aussi, selon eux, pour toute institution prétendant orienter l'économie depuis un centre de décision unique.

Autrement dit, donner aux banques centrales le pouvoir de contrôler les taux d'intérêt pour maîtriser l'inflation et assurer la stabilité de la croissance économique serait donc une erreur dans la mesure où elles seront toujours influencées par des intérêts contraires à ceux des acteurs privés. Et qu'elles seront de fait forcément en retard d'informations, c'est-à-dire en décalage sur ce qu'il faut faire, ou pas, dans l'intérêt de l'économie réelle.

Quand les banques centrales décident par exemple d'augmenter les taux parce que l'économie est en surchauffe, la logique nous fait comprendre qu'il est en réalité déjà trop tard et que cette augmentation ne produira alors que des effets contraires à ceux désirés.

C'est l'exemple typique du secteur immobilier car si les prix y augmentent de façon déraisonnable à cause de taux trop faibles, dès que les banques centrales tenteront de calmer le marché en augmentant leurs taux, le coût du crédit augmentera mécaniquement et réduira le pouvoir d'achat immobilier des acteurs économiques. En d'autres termes, après ne pas avoir pu acheter leur logement parce qu'il était trop cher, les gens ne pourront pas plus l'acheter parce que, cette fois, les banques ne leur prêtent plus.

L'État ne devrait donc jamais pouvoir fixer unilatéralement les taux d'intérêt, ni les autres prix du marché, dans la mesure où les uns comme les autres reflètent les effets agrégés de milliers de circonstances particulières affectant l'offre, la demande et le crédit qui ne peuvent pas être connus ni anticipés par une seule et unique entité. Alors que, au contraire, si le taux d'intérêt était simplement déterminé par le marché, il le serait en fonction d'un équilibre logique entre la demande de monnaie devant être dépensée et l'offre requise pour maintenir constant le niveau des prix.

Selon les économistes autrichiens libéraux, un système économique dont les prix seraient fixés sur la base d'informations partielles, insuffisantes et partisanes est, de fait, incapable de fonctionner correctement. Pire, ce seraient toujours les acteurs les plus éloignés du centre du pouvoir qui en pâtiraient les premiers car seul l'effet rationnel de l'offre et de la demande du marché peut fixer des prix dans l'intérêt collectif.

Et il est ici amusant de se souvenir que les autorités soviétiques durent copier secrètement les prix pratiqués en Europe de l'Ouest pour fixer ceux des biens de consommation primaires vendus chez eux. Car si l'Union soviétique a pu défaire le nazisme, construire des fusées ou des satellites et envoyer le premier homme dans l'espace, il est évident qu'elle a toujours été incapable de fournir convenablement les épiceries populaires et de donner satisfaction aux populations et à leurs besoins les plus élémentaires.

En pleine guerre froide, Ronald Reagan, alors président des États-Unis et ancien comédien, aimait raconter des histoires drôles à la presse pour illustrer le décalage entre le monde libéral et le monde planifié qui allait disparaître. Et l'une de ses blagues les plus célèbres raconte qu'un client soviétique, après avoir acheté l'unique modèle de voiture disponible, apprend qu'il ne sera livré que dans un an, jour pour jour. Habitué à ce type d'absurdité, il demande alors simplement *« ce sera le matin ou l'après-midi ? »* puisque ce jour-là, dit-il au vendeur, un plombier doit passer réparer sa chaudière.

Cette histoire peut sembler moqueuse mais elle pourrait très bien illustrer des décisions tout aussi aberrantes qui sont paradoxalement prises aujourd'hui dans nos pays libéraux. C'est par exemple la manière avec laquelle l'État gère la crise du logement en imposant les lois Alur de 2014 et Élan de 2018 sur l'encadrement des loyers dans les zones tendues en France. Cet encadrement, inimaginable pour beaucoup d'observateurs étrangers, est en outre difficilement critiquable puisqu'il repose sur des arguments moraux et s'applique dans un contexte difficile pour les locataires. Alors qu'il n'a, en réalité, et en toute logique diraient les économistes autrichiens, abouti qu'à rendre le marché locatif encore plus tendu qu'il ne l'était.

Dix ans après l'application de la loi, les locataires n'ont effectivement toujours pas les moyens de louer dans les zones tendues car les loyers sont encore trop chers et, de toute façon, les bailleurs ne veulent plus louer aux prix imposés. Au lieu de favoriser le pouvoir d'achat des acteurs économiques en baissant leurs charges ou leurs impôts, ou de motiver le secteur du bâtiment à construire des logements dans un esprit d'entreprise propre à une société libérale, cette mesure coercitive montre combien une décision planifiée et imposée par une idéologie qui ne prend pas en compte les réalités du marché est irréaliste. Et pernicieuse parce que si l'administration est incapable de reconnaître son erreur, cette loi ne résout pas le problème et permet même assez ironiquement à ceux qui avaient déjà les moyens de louer au prix du marché de bénéficier, eux, de loyers modérés par rapport au prix du marché libre.

Certainement influencés par le dégoût qu'ont dû leur inspirer la montée en puissance des États totalitaires dans les sociétés européennes de l'entre-deux-guerres, Mises et Hayek ont donc toute leur vie combattu cet étatisme sous toutes ses formes. Et c'est dans *La route de la servitude* publié en 1944 que Hayek fit précisément une critique très ferme contre ce qu'il appelle le planisme, autrement dit le socialisme, alors même que ce modèle était paradoxalement très en vogue depuis la fin de la Première Guerre mondiale en Europe occidentale et aux États-Unis. Révolté par le mépris du libéralisme affiché par de nombreux intellectuels occidentaux de cette époque, alors fascinés par les promesses de la révolution bolchévique de 1917, Hayek y prédit qu'une économie dirigée ne pourrait être administrée que « *par des moyens totalitaires* » et, paradoxalement, avec « *des méthodes que le socialisme réprouve* ».

Hayek estimait notamment que, sur la base de sa propre expérience de jeune homme qui avait traversé la terrible crise autrichienne et allemande d'après-guerre, les mesures propres au socialisme ne pouvaient produire que « *des effets désastreux sur le plan purement économique, outre les conflits internationaux qu'elles provoquent* » et que « *les forces qui ont détruit la liberté en Allemagne étaient en train de se manifester ici aussi* », c'est-à-dire en Angleterre et en France. Il ne pensait pas seulement à l'Allemagne nazie de Hitler mais plutôt aux causes qui ont conduit cette Allemagne, humiliée par les indemnités quasiment vexatoires de l'après-guerre et plongée dans une hyperinflation dévastatrice, à s'engouffrer dans la pire catastrophe de son histoire.

Bien avant la parution en 1988 de son essai *La présomption fatale, les erreurs du socialisme*, Hayek avait également anticipé les catastrophes des différents plans élaborés à partir des années 1950 par Mao Tsé-toung et dont les résultats sont les pires exemples de ce à quoi une planification peut mener. Entre la campagne des Cent Fleurs, le Grand Bond en avant et la désastreuse Révolution culturelle, des dizaines de millions de Chinois moururent sans que la maolâtrie d'une partie de la « gauche » parisienne s'en émeuve réellement. Jusqu'à une tardive prise de conscience dans les années 1990 grâce, notamment, aux travaux de l'intellectuel sinologue Simon Leys qui dénonça, seul contre tous, cette idéologie mortifère dans son essai *Les habits neufs du président Mao* publié en 1971.

La petite histoire « tragi-comique » des moineaux dont les autorités ont considéré qu'ils étaient « *des ennemis publics du socialisme* » nous révèle ainsi parfaitement la vraie nature du Parti communiste chinois de l'époque selon lequel une « *bonne théorie politique suffisait à faire pousser les choux* ». En l'espèce, le Parti estima qu'un moineau mangeait 4,5 kg de grains de semence par an, et la décision fut prise d'en supprimer un million afin de nourrir des dizaines de milliers de Chinois. Mais le résultat fut de laisser les cigales sans prédateur détruire le peu de plantations que le premier bond en avant de 1955 avait préservées et des millions de paysans moururent de faim. Le gouvernement chinois, face au désastre, fit en dernier recours importer des centaines de milliers de moineaux d'Union soviétique pour corriger le tir.

Pour Mises, Hayek ou le philosophe français Raymond Aron, critiquer le socialisme ne relevait plus seulement d'un désaccord politique ou moral. C'était d'abord une exigence éthique. Il s'agissait plutôt de dénoncer l'aveuglement et la bienveillance malsaine de la gauche de cette époque, notamment en France, à l'égard des régimes communistes marxistes et des atrocités commises en leur nom et selon laquelle, disait-on, il valait mieux « *avoir tort avec Sartre que d'avoir raison avec Aron* ».

Au fond, bien au-delà de la démonstration logique et rationnelle selon laquelle un système planifié et centralisé ne fonctionne donc tout simplement pas, ni d'un point de vue économique, ni du point de vue des libertés fondamentales, tous ces intellectuels libéraux nous font aujourd'hui comprendre que les idéologies fascistes ou communistes partagent le même mépris pour la démocratie. Autrement dit, la même volonté de piétiner les droits et les libertés individuelles et la même aversion, en ce qui nous concerne ici, pour la liberté d'échanger qui en est le corollaire.

Hayek, très en avance sur son temps, formule de ce fait une critique très ferme du pouvoir que les États s'arrogent lorsqu'ils prétendent contrôler unilatéralement l'économie contre les logiques du marché libre, quitte à contraindre les populations par la force. Et c'est dans son essai d'économie le plus connu et intitulé *Pour une vraie concurrence des monnaies* publié en 1976 qu'il exprime son « *accablement* » à ne pas trouver une « *solution politiquement acceptable à ce qui est techniquement le problème le plus simple, mais le plus grave… à savoir faire cesser l'inflation* ».

Selon lui, si les causes majeures des crises se trouvent bien dans les politiques planistes fondées sur la création monétaire, sur l'accroissement des dépenses publiques et sur les déficits budgétaires, ces politiques aboutissent toujours, et de façon inéluctable, à des crises majeures et à un appauvrissement des acteurs économiques les plus modestes alors que l'État aura tendance, lui, à augmenter son train de vie et à devenir dispendieux. Au point de justifier la nécessité d'accroître l'intervention de l'État, la création monétaire et l'endettement qui aboutissent non seulement au ralentissement de l'activité économique mais surtout à ce cercle vicieux qu'est l'inflation.

Hayek savait de quoi il parlait car lorsqu'il s'est installé aux États-Unis en 1923, malgré une postérité économique impressionnante par rapport à la situation critique de son Autriche natale, il sut prédire ce qui allait se passer. Son essai d'économie intitulé *Monetary Theory and the Trade Cycle*, prédit effectivement que la politique de la Fed consistant à imposer des taux de plus en plus bas pour stimuler l'économie et inciter les particuliers à s'endetter et à consommer était vouée à l'échec.

Cet essai, publié précisément en 1929, lui donna raison puisque, malgré la monnaie mise à disposition par la banque centrale, la baisse des taux finit par décourager l'épargne et réduire mécaniquement l'investissement des entreprises. La croissance et la production connurent alors respectivement un arrêt brutal, ce qui aboutit, c'était inévitable, à la « Grande Dépression » et à la faillite en cascade de tout le système.

Cette crise sans précédent débuta le 24 octobre 1929 avec l'effondrement soudain de Wall Street, suivi par des faillites à répétition dans le secteur bancaire et industriel. Le Dow Jones qui avait augmenté de 226 % entre 1926 et 1928 perdit 80 % de sa valeur et près de la moitié des banques firent faillite dans les 3 ans à venir. Plombée par la déflation, l'effondrement du crédit et la chute de la demande, la production américaine diminua de moitié en 4 ans, l'investissement fut quasiment interrompu en 1931 et on compta alors jusqu'à 12 millions de chômeurs à une époque où chômage signifiait surtout pauvreté et misère sociale.

C'est ainsi qu'en affirmant encore que l'absence de concurrence empêche l'émetteur monopolistique d'une monnaie d'être soumis à *« une discipline salutaire »*, Hayek critiqua la pensée économique à laquelle il fut confronté toute sa carrière et qui est issue des travaux de l'un des économistes les plus influents du 20e siècle, l'Anglais John Maynard Keynes. Une pensée économique qu'il qualifiait de propagande socialiste car elle avait, selon lui, *« imprégné les masses, rendu respectable l'inflation et donné aux agitateurs des arguments que les politiciens professionnels sont incapables de réfuter »*.

Pour Hayek, si un ministre des Finances en arrivait par exemple à être convaincu qu'un budget déficitaire était « *un acte méritoire* » et que des dépenses gouvernementales supplémentaires ne coûteraient *in fine* rien à la population alors que les caisses sont vides, il était dès lors logique de s'attendre à un accroissement rapide des dépenses publiques contre-productives et que, à terme, l'inflation apparaisse.

L'exemple classique, et un peu moqueur, pour illustrer cet écueil keynésien est celui de l'État qui, afin de réduire le chômage, engagerait des ouvriers pour creuser des trous qui sont non seulement inutiles mais dont la simple perspective de devoir les reboucher plus tard procurerait l'avantage de donner toujours plus de travail à ceux qui n'en ont pas. Avec l'espoir de stimuler l'économie grâce à un effet multiplicateur *a priori* revigorant sur la production et l'emploi.

Keynes, davantage préoccupé par la demande globale, l'emploi et la stabilisation des crises que par les mécanismes spontanés du marché, avait pourtant plusieurs points communs avec Hayek. Comme lui, il avait d'abord dénoncé très tôt le traité de Versailles de 1919 et les réparations imposées aux vaincus qui aboutirent à la montée du nazisme et à la Seconde Guerre mondiale. Comme lui, il était un libéral mais, après le chaos de 1929, il considéra que le « *laisser faire* » des classiques ou, pire, « *la main invisible* » d'Adam Smith étaient voués à l'échec et que jamais les marchés ne pourraient s'autoréguler correctement. Croire le contraire était, selon Keynes, une grave erreur et il défendait l'intervention de « *l'État providence* » dont l'outil essentiel pour arriver à gérer correctement l'économie était la monnaie. Et, de fait, le crédit.

Pour l'anecdote, Keynes publia dans le New York Times du 31 décembre 1933, à la veille du New Deal proposé par le président américain Franklin D. Roosevelt, une lettre ouverte dans laquelle il défendait l'importance de « *mettre au premier rang un vaste programme de dépenses à crédit sous les auspices du gouvernement* » afin de financer des travaux d'équipement par des emprunts publics massifs et d'inciter la Fed à baisser ses taux d'intérêt.

Son œuvre majeure *Théorie Générale de l'Emploi, de l'Intérêt et de la Monnaie* publiée en 1936 va alors lui permettre de présenter ses idées qui seront reprises pendant plus de 70 ans jusqu'à ce qu'en 2009, la presse en fit « *l'homme de l'année* » et qu'il soit symboliquement évoqué de façon assez péjorative par Satoshi Nakamoto dans l'empreinte du bloc genesis de la blockchain Bitcoin.

Mais comme Spinoza nous apprend que « *l'ignorant* » croit comprendre le mécanisme causal des choses et qu'il se trompe en prenant les effets d'une chose pour ses causes, Mises et Hayek considéraient précisément que les effets de l'inflation n'expliquent pas les crises et que les confondre avec ses véritables causes était une manière de ne pas regarder la réalité « *sous la conduite de la raison* ».

Et malgré ce qu'en disent couramment les banques centrales ou les responsables politiques qui se défaussent de leurs responsabilités en invoquant les effets d'une guerre ou d'un problème géopolitique pour la justifier, l'inflation n'est jamais une simple augmentation des prix, elle est avant tout une augmentation générale de la masse monétaire à partir de laquelle s'enclenche une augmentation mécanique des prix. Ronald Reagan lui-même expliquait avec pédagogie que « *l'inflation est une baisse de la valeur de notre argent car quand la quantité de monnaie augmente mais que les biens et les services n'augmentent pas de leur côté, nous avons alors trop d'argent pour trop peu de biens* ».

Autrement dit, si l'inflation est toujours une hausse des prix, une hausse des prix n'est pas forcément liée à une inflation. Les déclarations des responsables de la BCE montrent combien cette évidence n'est pas bien comprise par des décideurs publics qui ne prévirent qu'une légère montée de l'inflation en 2021 et qui, en 2023, face à son explosion, expliquèrent qu'elle serait apparue de « *nulle part* ».

Beaucoup d'économistes keynésiens et de responsables politiques de gauche défendent encore aujourd'hui l'idée que l'endettement de l'État et la dépense publique produisent de la croissance. Pourtant, le fait qu'une inflation soit considérée comme « modérée » ne réduit en réalité jamais sa dangerosité potentielle. Bien au contraire.

Si les historiens considèrent par exemple que la Première Guerre mondiale a débuté à cause de l'assassinat d'un archiduc alors largement inconnu du grand public et que les différents pays en cause se sont ensuite mobilisés un peu malgré eux à cause de traités internationaux, le fait est que cette guerre n'aurait jamais dû durer aussi longtemps et tuer des dizaines de millions d'êtres humains si les États n'avaient financé leur effort de guerre que sur leurs recettes fiscales.

Seul l'opportun abandon de l'étalon-or et l'intérêt à faire littéralement tourner la planche à billets pour créer de l'argent dont ils avaient désespérément besoin, permit aux belligérants de ne pas renoncer à envoyer de pauvres gens se faire tuer et à poser les fondements de la Seconde Guerre mondiale à venir.

Mais malgré l'importance idéologique du keynésianisme à partir des « Trente Glorieuses » aux États-Unis et en Europe, et notamment dans les universités d'économie aux idées plutôt versées à gauche, l'esprit pratique et libéral défendu par l'école d'économie autrichienne fut remis sur le devant de la scène à partir de 1974. Cette année-là, Hayek reçut son prix Nobel et ce prix fut étonnamment de nouveau attribué deux ans plus tard à un autre économiste libéral, l'américain Milton Friedman.

Ces deux prix à contre-courant de la pensée keynésienne pourtant majoritaire jusqu'alors marquèrent ainsi symboliquement la fin de l'hégémonie des politiques planificatrices qui prétendaient faire mieux que le marché libre mais qui, à cause d'une mauvaise allocation des ressources, ont conduit aux catastrophes économiques et aux surendettements que nous connaissons aujourd'hui.

Cette prise de conscience répondait enfin aux nouvelles convictions libérales de cette époque et à l'idée selon laquelle, pour ne plus subir les destructions matérielles et humaines de l'inflation et, *in fine,* pour sauver la civilisation et la liberté d'entreprendre, il fallait absolument, selon Hayek, « *priver les gouvernements du pouvoir de décider de la quantité de monnaie* ».

Dans un contexte de très forte inflation et de chômage important, l'élection en 1980 de Ronald Reagan, le premier président vraiment libéral depuis le New Deal de Roosevelt, engagea alors les Américains dans un nouveau départ économique qui correspond à cette idée de « *marée montante qui soulève tous les bateaux* » selon laquelle seul l'esprit d'entreprise permet croissance économique et prospérité au bénéfice de tous. En affirmant, lors de son discours inaugural du 20 janvier 1981, que « *l'État n'est pas la solution à notre problème, l'État est notre problème* », Reagan, qui citait et s'inspirait d'ailleurs de la pensée libérale de Bastiat, sut rétablir un retour aux valeurs fondatrices de l'Amérique de l'entrepreneuriat privé.

Un nouveau monde symbolisé par les débuts de l'informatique grand public et les premières réussites commerciales de la Silicon Valley grâce auxquelles les États-Unis sont redevenus la première puissance économique mondiale et le sont restés jusqu'à aujourd'hui. Et c'est bien dans cet élan libéral et cette atmosphère libertarienne, porté par les progrès considérables de l'informatique et les débuts de l'Internet grand public, que les cypherpunks sont donc nés et que leur idéologie s'est construite pour défendre notamment la liberté d'échanger en ligne.

Il est aussi utile, et amusant, de noter que le rejet de l'économie planifiée à cette époque n'a pas concerné seulement les pays occidentaux libres et démocratiques. Deng Xiaoping, à la tête du parti communiste chinois dès 1978 et ancien compagnon de route de Mao a, lui aussi, entrepris de nombreuses réformes pour « alléger » la planification de l'économie de son pays, libéraliser son système économique et bancaire, et connaître, en s'ouvrant aux capitaux étrangers, une croissance spectaculaire à partir des années 1990.

Entre 1992 et 2022, le PIB de la Chine est passé de 493 milliards de dollars américains à 18 000 milliards contre 1400 milliards à 2780 milliards pour la France. Autrement dit, grâce à un taux de croissance annuel de plus de 10 % par an pendant toute cette période, le passage à une économie libérale « à la chinoise » a incontestablement permis à ce pays de sortir d'une pauvreté chronique liée aux malheureux plans maoïstes.

Enfin, au-delà des effets salvateurs de la concurrence des monnaies suggérée par Hayek afin de « *remplacer les monopoles gouvernementaux et les systèmes de monnaies nationales par une concurrence libre entre banques d'émission privées* », savoir que le titre original de son essai sur la concurrence des monnaies est *The Denationalisation of Money* nous informe mieux sur le fond de sa pensée. Car ce ne sont pas seulement les avantages d'une concurrence libre entre les monnaies que Hayek promeut pour enrayer la spirale inflationniste mais bel et bien un nouveau « *mouvement pour la monnaie libre* » qui établirait une monnaie saine, un peu sous la forme de l'étalon-or.

Dans *L'action humaine*, Mises expliquait déjà que quand un système monétaire s'effondre à cause de l'inflation, la panique fait *ipso facto* disparaître le pouvoir d'achat de la monnaie concernée et les acteurs économiques retournent alors logiquement, dit-il, vers « *une autre sorte de monnaie* ». Et comme Hayek savait parfaitement que l'étalon-or, malgré ses qualités intrinsèques, n'était plus envisageable dans le nouveau monde numérique, c'est dans une vidéo devenue virale sur YouTube intitulée *Friedrich Hayek predicts the rise of stablecoins, bitcoin and cryptocurrency* que, d'un ton facétieux, et en extraordinaire visionnaire alors qu'il était déjà un vieux monsieur, il évoque une nouvelle forme de monnaie en disant « *je pense que nous pouvons oublier l'argent tel qu'il existe et les banques telles qu'elles existent... Je ne crois pas que nous puissions avoir à nouveau de la bonne monnaie avant de la retirer des mains du gouvernement et si nous ne pouvons pas la lui retirer avec violence, tout ce que nous pouvons faire est d'introduire une astuce ou un moyen détourné qu'ils ne pourront pas arrêter* ».

Et dans une célèbre interview donnée au National Taxpayers Union américaine et disponible sur YouTube sous le titre *Milton Friedman predicts Bitcoin in 1999*, Friedman imagine à son tour une nouvelle forme de monnaie numérique. Il explique que l'Internet sera probablement « *le meilleur moyen pour réduire le rôle des États* », avant d'évoquer une forme de monnaie électronique permettant de transférer des fonds de A vers B sans que les deux parties aient à se connaître.

Une monnaie numérique qui correspond donc bien à Bitcoin dont la principale qualité est de ne pas être produite par bienveillance ni par la moindre autorité centrale et d'être, de ce fait, rare puisque le protocole en limite le nombre à 21 millions d'unités, et dont plus de 94 % ont déjà été minés à ce jour. Un nombre qui, il faut le signaler, sera au final probablement bien moindre car, d'après les nombreuses analyses de la blockchain, plusieurs millions de bitcoins sont immobiles sur leur adresse cryptographique publique depuis au moins 5 ans et le risque qu'ils le soient en partie parce que leurs propriétaires ont perdu leur clé privée diminue d'autant le nombre de bitcoins qui seront finalement en circulation. Tout en augmentant, de fait, leur potentielle valeur puisque, comme l'écrit si bien Spinoza dans la dernière phrase de son *Éthique* à propos du salut et de la liberté, « *tout ce qui est beau est difficile autant que rare* ».

« Notre récit habituel de l'histoire monétaire marche à reculons. Il est faux que nous ayons commencé par le troc, puis découvert la monnaie, et enfin développé des systèmes de crédit. L'évolution a eu lieu dans l'autre sens. La monnaie virtuelle, comme nous l'appelons aujourd'hui, est en fait apparue la première. »

David Graeber, « Dette : 5000 ans d'histoire. »

7. La trajectoire vers une abstraction de la monnaie.

La civilisation est souvent considérée comme une forme de promesse qui a permis aux hommes de dépasser le cadre du clan ou de la famille. Et de le faire notamment grâce à trois outils fondamentaux que sont le langage, la religion et la monnaie.

Mais si ces outils ont chacun créé du lien entre les hommes de manière à ce qu'ils se projettent vers l'avenir et améliorent leur sort, la monnaie, au cours de l'histoire, a rempli ce rôle majeur de répondre au besoin d'échanger dans un monde par nature décentralisé qui aspire à la paix et au progrès.

Or, il est généralement établi que la première fonction de la monnaie est d'assurer la liquidité grâce à laquelle les échanges indirects deviennent possibles. Pour Mises, par exemple, un moyen d'échange est un bien que les gens n'acquièrent pas pour le consommer, ni pour l'utiliser dans leurs propres activités de production, mais dans l'intention de l'échanger plus tard contre d'autres biens qu'ils souhaitent consommer ou utiliser pour produire.

C'est l'idée que reprend d'ailleurs Hayek pour qui « *la monnaie est traditionnellement définie comme l'intermédiaire des échanges par excellence* », dans la mesure où elle permet, selon lui, d'acheter avec un bien fongible, c'est-à-dire qui peut être remplacé par un autre de même nature, un autre bien cette fois non fongible, comme des outils pour produire de la richesse ou des biens de consommation.

La monnaie est donc, selon eux, le moyen d'échange par excellence, c'est le bien le plus commercialisable. Avec le temps, cette fonction d'échangeabilité devient toujours son attribut le plus important car elle permet la « coïncidence des besoins » qu'empêche par exemple le troc. Et c'est la raison pour laquelle, contrairement à l'idée répandue depuis Adam Smith qui le soutient dans son essai *La Richesse des nations* de 1776, le troc n'aurait probablement jamais constitué le système originel et généralisé des échanges humains. Comme l'anthropologue américain David Graeber l'explique dans son essai *Dette : 5000 ans d'histoire* publié en 2011, le troc serait en fait une invention relativement récente étant donné qu'il supposerait déjà une unité de mesure abstraite et universelle qui est justement la monnaie.

Dans son traité *La Politique* consacré à l'étude de l'organisation de la cité, Aristote évoque toutefois deux autres fonctions essentielles pour qu'une marchandise puisse être considérée comme de la monnaie. Il faut d'abord qu'elle puisse à la fois être une réserve de valeur sur laquelle les acteurs économiques établiront leur confiance et une unité de compte pour permettre les échanges. En d'autres termes, même si un bien est par nature facilement échangeable, il ne pourra jamais devenir une véritable monnaie si les acteurs ne le considèrent pas comme ayant déjà une valeur en soi.

Roger Ver, l'un des premiers soutiens de Bitcoin dès 2010 et aujourd'hui partisan de Bitcoin Cash, formule une critique sévère de son évolution dans son livre *Hijacking Bitcoin: The Hidden History of BTC* publié en 2024. Selon lui, les développeurs du protocole auraient opéré une forme de « coup d'État » en s'éloignant de l'objectif initial décrit par Satoshi Nakamoto, une monnaie électronique destinée aux échanges. En refusant d'augmenter la taille des blocs pour faciliter les transactions, ils auraient contribué à transformer Bitcoin en réserve de valeur dont la capitalisation totale est à ce jour de plus de 1300 milliards de dollars au point d'attirer les investissements de grands gestionnaires d'actifs comme BlackRock.

Mais si Satoshi Nakamoto savait que l'échangeabilité est essentielle pour qu'une marchandise, même numérique, puisse devenir une monnaie reconnue et être naturellement utilisée par tous, il savait certainement aussi, inspiré par les idéaux libertariens des cypherpunks, qu'une monnaie repose avant tout sur la confiance qu'on lui accorde et que la valeur des choses, matérielles ou immatérielles, n'a rien d'objectif. C'est d'ailleurs bien ce que rapporte Spinoza dans l'appendice de la troisième partie de *l'Éthique,* pour qui « *nous ne désirons pas une chose parce que nous jugeons qu'elle est bonne ; mais au contraire, nous jugeons qu'une chose est bonne parce que nous la désirons* ».

Il existe donc une dimension subjective dans le fait d'accorder de la valeur ou de la confiance à un bien quel qu'il soit et c'est précisément ce rôle de la subjectivité dans la formation des phénomènes sociaux et économiques, et sur les déséquilibres qui en découlent, que souligne Mises lorsqu'il déclare à son tour que « *la valeur n'est pas intrinsèque. Elle n'est pas dans les choses. Elle est en nous. Elle est la façon dont l'homme réagit aux conditions de son environnement* ».

Rares sont les marchandises qui, dans l'histoire, sont devenues monnaie en moins d'une génération et contrairement à ce que soutient Ver qui prêche un peu pour sa paroisse puisqu'il est lui-même très investi dans Bitcoin Cash, le fait que les bitcoins soient aujourd'hui considérés comme une excellente réserve de valeur est certainement la qualité ontologique essentielle pour qu'ils deviennent, après seulement 15 ans d'existence, un moyen d'échange universellement reconnu.

Autrement dit, outre le fait que la petite taille des blocs assure une véritable décentralisation du système en permettant à davantage d'utilisateurs de faire tourner un nœud complet, elle assure surtout la confiance des investisseurs qui est donc, selon les économistes autrichiens libéraux, la condition fondamentale pour qu'une marchandise devienne de la monnaie par nature échangeable.

Dans le *Traité des monnaies*, le philosophe Oresme avait montré en son temps que la monnaie est autant l'expression du « *pouvoir du prince* » que celle du besoin d'échanger, et que les meilleurs instruments d'échanges de richesses, c'est-à-dire les meilleures « marchandises », étaient les métaux précieux.

Et c'est pourquoi, selon lui, l'or s'est naturellement imposé sur tous les autres moyens d'échanges par le jeu naturel de la concurrence du marché en vertu de ses qualités d'échangeabilité et de ses qualités propres. Par nature durable, l'or présente les propriétés minérales inédites d'être à la fois dense, tendre, ductile et malléable. Il a aussi la particularité d'être inoxydable et c'est ainsi que même l'or qui a été extrait il y a 4000 ans a conservé à la fois son éclat précieux et ce son cristallin si particulier quand on le tapote avec un autre objet métallique.

Mais l'or a aussi l'intérêt particulier d'être fongible, dans la mesure où si nous en déposons par exemple un kilo en banque, peu nous importe de savoir si l'or que nous récupèrerons plus tard sera le même. Il nous importe juste de savoir que c'est bien de l'or, qu'il vienne des Incas, d'une mine d'Afrique du Sud ou d'une banque suisse douteuse. À la différence d'un diamant qui, lui, n'est par nature pas fongible car si nous le déposons en banque, nous nous soucierons par contre de savoir s'il s'agit exactement du même quand nous le récupérerons.

Enfin, la dernière qualité, et peut-être la plus importante, de l'or est sa rareté puisqu'il a toujours été difficile et coûteux à extraire. On estime que 200 000 tonnes d'or ont été extraites depuis le début de l'histoire des hommes et que chaque année environ 3000 tonnes le sont sur l'ensemble de la Terre tandis que, selon le World Gold Council, le stock mondial conservé dans les coffres des banques centrales ne dépasserait pas 34 000 tonnes. Soit, dit-on, un cube de 21 mètres de côté ou l'équivalent du volume d'une piscine olympique.

S'il possède toutes les qualités requises pour remplir les trois fonctions aristotéliciennes de la monnaie, l'or présente toutefois des défauts notoires. Il est d'abord difficile et coûteux à extraire et il est aussi très compliqué et dangereux à transporter en étant de ce fait assez peu pratique pour des transferts de valeur ou des échanges spontanés. Mais son pire défaut, pour Oresme, était de permettre aux États de manipuler à leur profit sa quantité réelle dans les pièces de monnaie censées représenter une valeur fixe. Et c'est à partir du moment où les États ont abusé de ce pouvoir que les choses ont rapidement « mal tourné ».

Tous ces défauts sont donc les raisons pour lesquelles, à partir du dépôt de l'or dans les coffres des banques, ses propriétaires ont pu obtenir en contrepartie des titres de propriété, c'est-à-dire de simples papiers sans valeur intrinsèque, pour faire du commerce avec d'autant moins de risques que ces titres étaient seulement payables au porteur. Ce passage de l'or au titre de propriété le garantissant ouvrit la voie au système de réserve fractionnaire en donnant aux banquiers la possibilité astucieuse, et utile pour l'économie réelle, de prêter plus de valeur que celle détenue dans leurs coffres. Mais il contribua aussi, par extension logique, à la création du billet de banque en papier.

Une invention d'ailleurs tout à fait improbable et que personne ne prit vraiment au sérieux quand, au 13e siècle, Marco Polo expliqua dans ses récits de voyages que les échanges et les paiements en Chine se faisaient déjà avec de simples bouts de papier. Et c'est probablement en faisant référence à l'ingénieux mais fragile système mis en place au 17e siècle par l'Écossais John Law que prend tout son sens la citation attribuée à Voltaire selon lequel *« une monnaie papier, basée sur la seule confiance dans le gouvernement qui l'imprime finit toujours par retourner à sa valeur intrinsèque, c'est-à-dire zéro »*.

Law, grand joueur de pharaon devenu contrôleur général des finances sous la régence de Philippe d'Orléans, tenta de remplacer l'or en circulation par des actions titrisées et l'adoption du billet de banque afin de créer une croissance économique inédite et remplir les caisses du Trésor public. Il le fit avec un indéniable succès jusqu'à la faillite généralisée et l'une des premières crises financières de l'histoire. Tous les titres sur lesquels d'extraordinaires spéculations avaient été faites, et notamment sur les potentielles rentabilités de la compagnie du Mississippi qu'il avait créée, se sont avérés des coquilles vides et ont ruiné la grande majorité des investisseurs.

L'utilisation d'un simple billet en papier nous paraît évidente aujourd'hui mais son adoption fut en réalité un vrai dilemme pour les acteurs économiques à qui il fut imposé au fur et à mesure du temps. Le jour où un patron a expliqué à ses ouvriers qu'il ne les paierait plus en « nature » et que, à défaut de les prendre en charge, de les nourrir et de les loger, il les paierait en pièces de métal, même brillantes, leurs réactions furent probablement tout aussi mitigées que celles des ouvriers à qui, des années plus tard, il fut proposé d'être payés en bouts de papier puis en monnaie numérique avec une carte en plastique pour l'utiliser.

C'est d'ailleurs ce refus compréhensible de s'adapter à cette inexorable transformation de la monnaie qui explique la réticence légitime du public vis-à-vis des cryptomonnaies perçues comme abstraites et virtuelles, comme si elles n'existaient pas ou ne « reposaient » sur rien. Or, comme nous l'avons déjà vu, si un bitcoin est numérique, il est en réalité bien moins virtuel que la monnaie scripturale de nos comptes en banque qui ne repose, elle, en tant que simple créance, sur rien d'autre que sur la confiance dans un système bancaire qui dépend, lui, très largement du monde politique.

Autrement dit, si nous nous retrouvions perdus au fin fond de la jungle amazonienne, coupés du monde et de la civilisation, le seul avantage d'avoir avec soi une valise pleine de dollars plutôt qu'une adresse cryptographique « contenant » des bitcoins serait de pouvoir démarrer un feu pour nous nourrir ou faire fuir les bêtes sauvages.

L'une des étapes les plus importantes vers l'abstraction de la monnaie fut finalement la signature des accords de Bretton Woods après la Seconde Guerre mondiale en 1944 qui transformèrent l'ancien étalon-or en un système centré sur le dollar convertible en or. L'idée ingénieuse consistait à permettre aux États d'établir une parité entre les monnaies et l'or sur la base d'une convertibilité fixée à 35 dollars l'once. Mais sachant que le dollar américain était alors déjà la monnaie de référence dans les transactions internationales et les réserves de change, la simple idée selon laquelle l'or pouvait être l'équivalent du dollar posait un problème évident. Comme la production mondiale d'or n'a jamais été suffisante pour alimenter la croissance mondiale, la nécessité d'augmenter la quantité de dollars pour y arriver allait créer un déséquilibre qui altérerait logiquement la confiance des acteurs économiques.

C'est précisément ce que craignait Charles de Gaulle. Dans un discours prononcé le 4 janvier 1965 à l'Élysée, il critiqua un système qui « *privilégiait unilatéralement l'économie américaine* », les États-Unis pouvant s'endetter gratuitement vis-à-vis de l'étranger. Il estimait que les échanges internationaux devaient reposer sur une base monétaire indiscutable et fit rapatrier les réserves d'or françaises détenues aux États-Unis.

Et c'est avec une certaine ironie que, face à l'évidence qu'un système de change fixe entre des pays aux situations si différentes n'était plus viable, le secrétaire du Trésor américain de l'époque, John Connally, fit cette déclaration ubuesque : « *le dollar est notre monnaie, mais c'est votre problème* ». En 1971, le président des États-Unis, Richard Nixon pour qui son pays ne pouvait plus, dit-il en dernier ressort, « *continuer à se battre avec une main attachée dans le dos* », décida alors de suspendre « *momentanément* » la convertibilité du dollar en or.

La fin des accords de Bretton Woods fut alors signée en juin 1976 à la Jamaïque et permit la création d'un nouveau système de « change flottant » selon lequel la valeur des monnaies ne serait dès lors plus indexée ni sur l'or, ni sur la moindre marchandise de l'économie réelle mais dorénavant sur le marché et le crédit. Cette étape de politisation de la monnaie marqua en quelque sorte la naissance de la monnaie fiduciaire par excellence, c'est-à-dire une monnaie pilotable à discrétion par les États selon leurs propres intérêts souvent dissimulés par des justifications morales ou politiques en faveur d'un hypothétique intérêt général.

Cette « monnaie dette » est précisément la pire des solutions pour les économistes autrichiens et particulièrement pour Hayek selon qui « *dès qu'un groupe dispose du monopole d'émission de la monnaie, tôt ou tard, ce groupe va en abuser et de cet abus vont naître des crises cataclysmiques* ». Une idée inspirée de la philosophie politique de Montesquieu qui, dans son essai *De l'esprit des lois,* affirmait déjà que « *c'est une expérience éternelle que tout homme qui a du pouvoir est porté à en abuser* ».

Les politiques keynésiennes interventionnistes des Trente Glorieuses ont largement contribué à une forte inflation, à la crise des années 1970 et au financement massif de la guerre du Vietnam. Et elles n'ont pas été démenties par les évolutions plus récentes. Au contraire, le recours au quantitative easing, initié notamment par la Banque du Japon dès le début des années 2000 pour soutenir l'économie, a prolongé cette logique en favorisant l'endettement massif des économies occidentales.

Bitcoin semble donc bien correspondre à la dernière étape de l'abstraction de la monnaie dans notre monde numérique irréversible car l'évolution monétaire qu'il implique est clairement d'un autre type. Les bitcoins, ces jetons créés sous la forme d'une récompense accordée aux mineurs de manière décroissante et en fonction d'une quantité maximale prédéterminée et limitée, sont par essence indépendants de toute autorité centrale et incensurables.

Ils sont conçus pour ne pas être politisés et, selon le célèbre informaticien lanceur d'alerte Edward Snowden qui dénonça dès 2013 les dérives de la NSA, les bitcoins possèdent bel et bien toutes les qualités propres à la bonne monnaie. Ils permettent bien de transporter de la valeur dans l'espace et dans le temps sur Internet, sans tiers de confiance, sans censure et en toute liberté et il s'agirait, selon Snowden, de « *l'avancée monétaire la plus significative depuis l'invention de la monnaie* ».

Avec humour, mais aussi de manière à montrer que l'adoption de Bitcoin dépend d'abord d'une démarche personnelle et rationnelle, il a ainsi récemment repris à son compte sur ses réseaux sociaux un message que Satoshi Nakamoto avait publié sur Bitcointalk en juillet 2010 selon lequel « *si vous ne me croyez pas ou si vous ne le comprenez pas, je n'ai pas le temps d'essayer de vous convaincre. Désolé* ».

« *Si le grand public parvenait à comprendre le prix qu'il paie en termes d'inflation récurrente et d'instabilité pour le seul bénéfice que confère la facilité d'une monnaie unique dans les transactions ordinaires, il trouverait certainement ce prix bien excessif.* »

Friedrich Hayek, « Pour une vraie concurrence des monnaies. »

8. La théorie de la « bonne monnaie ».

Conformément au raisonnement spinoziste selon lequel il serait plus facile de comprendre un concept en disant ce qu'il n'est pas plutôt qu'en essayant de dire ce qu'il est, la loi de Gresham, du nom de Thomas Gresham, financier anglais du 16e siècle, en donne une illustration célèbre *« une mauvaise monnaie chasse la bonne »*.

Lorsque deux monnaies circulent en même temps, les acteurs économiques tendent à conserver celle qu'ils jugent la plus sûre et à dépenser celle dont ils veulent se débarrasser. Cette loi montre de ce fait qu'une bonne monnaie ne se définit pas seulement par sa capacité à circuler, mais par les qualités qui fondent la confiance que les hommes lui accordent.

Toutefois, une marchandise, même durable, divisible, fongible, rare et capable de passer à l'échelle, ne devient véritablement monnaie que si son usage s'intensifie sans dépendre d'une autorité centrale. C'est ce que les défenseurs de l'écosystème crypto veulent dire lorsqu'ils présentent

Bitcoin comme de l'or numérique : il posséderait les qualités de l'or sans en avoir les principaux défauts.

Depuis quinze ans, Bitcoin fait toutefois face à de nombreuses critiques, notamment de la part de ceux qui n'ont pas vraiment étudié la question, révélant cette propension des hommes à condamner ce qu'ils ne comprennent pas.

Il suscite aussi l'hostilité de certains professionnels qui ne veulent pas, ou ne peuvent pas, réfléchir à un concept contraire à leurs habitudes. Comme nous l'avons vu avec les créateurs du Minitel ou certains banquiers, cette résistance les enferme dans une forme de servitude dont nous examinerons plus tard les causes et les effets, en évoquant Étienne de La Boétie et la part volontaire des servitudes humaines.

En juin 2018, le journal *Les Échos* posa par exemple la question dans un article intitulé *Pourquoi Bitcoin n'est pas l'avenir de la monnaie ?* en répondant peut-être un peu sommairement que « *nous n'avions rien trouvé de mieux que de confier aux banques centrales le rôle d'assurer la stabilité de nos économies* ».

Un argument étonnant, tant le surendettement chronique des États fragilise précisément l'idée d'une stabilité assurée par les banques centrales. Mais un argument qui rejoint pourtant la position de Christine Lagarde, la présidente de la BCE, qui affirmait en juin 2022 que « *les cryptos ne valent rien, elles ne reposent sur rien, car il n'y a pas d'actif sous-jacent pour agir comme un ancrage de sécurité* ».

Mais c'est peut-être Steve Mnuchin, secrétaire au Trésor américain de 2017 à 2021 qui nous a montré le plus bel exemple du banquier déterminé à ne pas réfléchir objectivement à la question. En 2019, il affirmait ne pas croire que l'on parlerait encore de Bitcoin dix ans plus tard, allant même jusqu'à estimer qu'il pourrait avoir complètement disparu en cinq ou six ans, lui qui a accumulé une fortune estimée à plus de 60 millions de dollars en travaillant 17 ans à la banque Goldman Sachs, symbole des abus et des dérives financières de la terrible crise de 2007 et qui ne nous offre pas, de ce fait, une vision très claire de ce qu'est une bonne monnaie, à part peut-être pour lui-même.

Le site Internet 99bitcoins.com recense d'ailleurs, sur sa page *Bitcoin is dead declared 400+ times,* l'ensemble des déclarations hostiles à Bitcoin depuis 2010. On y trouve des exemples devenus presque des classiques, preuve que l'Internet n'oublie jamais, surtout quand certaines informations se révèlent excessives. Deux articles de presse l'illustrent bien, l'un écrit par le journaliste Robert Park dans le Cincinnati Enquirer et l'autre par Paul Krugman dans le New York Times, qui ont en commun d'affirmer que Bitcoin serait la plus grande pyramide de Ponzi de tous les temps.

Une pyramide de Ponzi, nommée en mémoire de Charles Ponzi, un arnaqueur italien émigré aux États-Unis au début du 20e siècle, est un montage frauduleux reposant sur un organisme central et sur la promesse de rendements financés par l'arrivée de nouveaux investisseurs. Or Bitcoin ne repose sur aucun organisateur central et ne comporte aucune promesse contractuelle de rendement. Son fonctionnement repose au contraire sur un protocole décentralisé dont le coût de production est lié à l'énergie nécessaire à son fonctionnement. Affirmer que Bitcoin est un investissement de type pyramidal uniquement parce qu'il est très spéculatif est donc particulièrement mensonger.

Cette critique devrait plutôt nous questionner sur le système monétaire actuel dont la monnaie ne repose, elle, strictement sur rien d'autre que sur la confiance que nous avons en nos institutions.

La garantie des dépôts à hauteur de 100 000 euros par compte bancaire dont nous bénéficions en France serait d'ailleurs impossible à mettre en œuvre si les banques faisaient faillite. En effet, comme le Fonds de Garantie des Dépôts et de Résolution en charge de cette garantie ne dispose, selon les données de son site Internet, que de 7,72 milliards d'euros de fonds propres, le fait que seuls les premiers d'entre nous pourraient récupérer leur argent constitue précisément une fragilité systémique qui ressemble, elle, à une forme de pyramide de Ponzi.

La critique la plus souvent déroulée contre Bitcoin consiste enfin tout simplement à faire valoir qu'il n'est pas un moyen de paiement et qu'il n'est pas possible d'acheter le moindre bien en bitcoins. Il faut pourtant reconnaître l'évidence que le protocole fonctionne parfaitement depuis 15 ans, sans interruption et sans qu'aucun problème technique majeur n'ait jusqu'alors été rencontré.

Autrement dit « ça marche » et nous pouvons, à défaut d'acheter un bien en bitcoins, en échanger sur Internet sans difficulté, quasiment sans frais et sans tiers de confiance, que la valeur de cet échange représente un euro ou des millions d'euros. Et si les faillites de la plateforme d'échange de cryptomonnaies Mt Gox au Japon en 2014, ou celle de FTX aux États-Unis en 2022, aboutirent à des pertes de plusieurs milliards de dollars, ces catastrophes industrielles furent en réalité essentiellement le résultat de mauvaises gestions, de fraudes ou d'absence de contrôles sérieux. Faire l'amalgame entre elles et Bitcoin serait ainsi en réalité aussi absurde que de critiquer le dollar à cause des fraudes de la banque Lehman Brothers ou du scandale Enron en 2001.

En outre, le fait est qu'un bitcoin est en réalité divisible en cent millions d'unités appelées des satoshis en l'honneur de son créateur. Et si un euro valait 2000 satoshis, même si cela peut paraître beaucoup d'un point de vue cognitif, comme les gens sont déjà habitués à payer avec des billets de 1000 ou de 5000 francs pour de petits achats dans les pays d'Afrique centrale où la monnaie est le franc CFA, des achats en satoshis sont de fait tout à fait envisageables.

Enfin, il est utile de se rappeler que, jusqu'à la crise sanitaire de 2020, c'est-à-dire après plus de 40 ans d'usage de la carte bleue, très peu de commerçants acceptaient ce moyen de paiement pour de petits achats, pour consommer un café ou acheter une baguette de pain. Ne pas reconnaître à Bitcoin, qui n'a que 15 ans, sa qualité de moyen de paiement potentiel est donc un argument assez fallacieux et d'autant plus étrange que, à ce jour, le Salvador l'a par exemple déjà adopté de façon officielle en septembre 2021.

Une évolution également adoptée au début de l'année 2024 par la principauté du Liechtenstein dont la monnaie légale est le franc suisse mais qui a officiellement autorisé à son tour Bitcoin comme moyen de paiement pour de nombreux services de l'État.

Un autre reproche, plus technique, adressé au Bitcoin concerne sa scalabilité, c'est-à-dire sa difficulté à absorber un nombre croissant de transactions. La taille des blocs de la blockchain étant volontairement limitée, le réseau ne peut traiter qu'un volume restreint d'opérations, tandis que le temps moyen nécessaire à la validation d'un bloc, environ dix minutes, demeure peu adapté aux petits paiements et aux achats du quotidien.

Mais depuis 2015, plusieurs évolutions techniques ont ouvert la voie à des canaux de micropaiement capables de rivaliser avec la rapidité de réseaux comme Visa ou Mastercard.

À partir de 2017, avec l'introduction de SegWit (Segregated Witness) et la mise à jour du protocole séparant les signatures des transactions, la capacité du réseau commença pourtant à être améliorée grâce à un allègement des blocs. Puis, dès 2018, le protocole « Lightning Network », conçu comme une seconde couche au-dessus de la blockchain Bitcoin, permit d'effectuer certaines transactions sans les inscrire immédiatement sur la chaîne principale.

Le principe du Lightning Network repose sur l'idée relativement simple que l'utilisateur dispose, en marge de la blockchain Bitcoin, d'un portefeuille numérique installé sur son smartphone dans lequel il conserve quelques satoshis destinés aux dépenses du quotidien. Cette somme joue alors le rôle qu'occupait autrefois notre petite monnaie, pour régler rapidement un café au comptoir ou un simple achat courant. Depuis 2022, plus de 400 000 enseignes à travers le monde, parmi lesquelles McDonald's ou Starbucks, affirment ainsi pouvoir accepter des paiements en bitcoin via ce réseau quasi instantané, extrêmement peu coûteux et réputé sûr d'utilisation.

Quant à l'idée selon laquelle Bitcoin serait un moyen de paiement illégal parce que l'article L111-1 du Code monétaire et financier dispose que « *la monnaie de la France est l'euro* » est une erreur. Le droit positif impose l'acceptation de l'euro comme moyen de paiement, mais il n'interdit pas, par principe, le recours à d'autres formes d'échange librement consenties. En d'autres termes, si les commerçants sont tenus d'accepter l'euro, ils peuvent refuser un paiement en bitcoins, mais rien ne les empêche de l'accepter.

Un arrêt de la Cour de cassation du 6 janvier 2015 nous montre d'ailleurs justement que l'achat d'une maison avec un paiement en nature est tout à fait envisageable. Dans les faits, ce sont des particuliers qui ont acheté à leur oncle une maison contre un paiement d'une partie du prix en euros et le reste en soins de santé qu'ils lui prodigueraient. Mais le vendeur est décédé rapidement et, alors que les acheteurs ont hérité du patrimoine de leur oncle, le Trésor public a considéré qu'il s'agissait d'une donation déguisée en les attaquant. Or, les juges ont estimé que la vente avait été faite en bonne et due forme et, pour ce qui nous intéresse, ils n'ont absolument pas critiqué le paiement en nature.

Selon cette décision, si les conditions d'un contrat de vente font l'objet d'un consentement libre et éclairé et si les frais de notaire, ses honoraires et les taxes de l'État, sont, eux, payés en euros « sonnant et trébuchant », rien ne semble donc pouvoir s'opposer à la possibilité d'acheter une maison avec des soins de santé, des pommes de terre ou, a fortiori, des bitcoins. Et si nous pouvons acheter une maison en nature, il est peut-être envisageable que le notaire, en tant que chef d'entreprise soucieux de son patrimoine et de la façon de gérer son « cash-flow », accepte, lui aussi, ce mode de paiement pour ses honoraires. Quant aux taxes et impôts à payer à l'État, il faut rappeler que le Trésor public accepte parfois, lui aussi, des paiements en œuvres d'art, autrement dit en nature, dans le cadre d'une succession, c'est la dation.

En revanche, les fonctions d'unité de compte ou de réserve de valeur pour qualifier, ou non, une marchandise de monnaie sur la base de la définition aristotélicienne ne sont, elles, jamais mises en avant par les détracteurs de Bitcoin pour expliquer que ses jetons n'en seraient pas une. Et pour une raison simple à comprendre car le fait est que les monnaies fiduciaires ne remplissent elles-mêmes jamais vraiment ces conditions.

D'après le site Internet DonnéesMondiales, l'inflation moyenne aux États-Unis depuis 60 ans est d'environ 4 % par an et, sur cette période, le dollar américain a vu sa valeur divisée par plus de douze. En d'autres termes, si un particulier pouvait par exemple acheter dans les années 1980 une voiture haut de gamme avec environ 15 000 dollars (15 000 euros ou 100 000 francs français), cette somme, si elle avait été conservée en billets sous un oreiller, ne représenterait plus en 2024 que le prix de ses options, ce qui en fait une réserve de valeur particulièrement médiocre.

Alors que la parité entre un bitcoin et le dollar a été atteinte le 9 février 2011, le fait qu'un bitcoin vaille environ 65 000 dollars à la mi-2024 illustre une progression sans équivalent pour un actif de cette nature. Rares sont, en effet, les actifs qui ont connu une telle trajectoire sur une période aussi courte.

Le principe des intérêts composés dont la formule est $K = C(1+r)^n$ (K étant le capital final, C le capital initial, r le taux annuel et n le nombre d'années), permet certes d'augmenter la valeur d'un capital dans le temps. Mais il ne protège pas contre son érosion par l'inflation. L'histoire, souvent racontée avec humour, d'un individu qui se réveille après vingt ans de coma en offre une illustration. Devenu millionnaire grâce aux intérêts, il découvre pourtant qu'un simple paquet de cigarettes vaut désormais 1000 dollars.

Une dernière critique récurrente contre Bitcoin et contre toutes les cryptomonnaies en général est un argument des banques traditionnelles que la presse sait très bien alimenter pour entretenir un soupçon de scandale très vendeur. C'est l'idée selon laquelle la cryptomonnaie, par nature, alimenterait la criminalité organisée, le blanchiment et les arnaques en ligne.

Il est de ce fait étonnant d'être mis en garde par les arguments moraux du système bancaire dont, par une forme d'amnésie collective, nous ne voyons pas les dérives et les abus. Nous avons déjà évoqué plus haut la banque Lehman Brothers que l'État américain a donc choisi de ne pas sauver en 2008 pour ne pas cautionner ses abus sinon criminels, au moins immoraux, mais bien d'autres banques ne donnent pas les meilleurs exemples d'intégrité que nous pourrions attendre d'elles. L'affaire du Crédit Lyonnais en 1988 est à ce titre exemplaire car elle est digne d'un mauvais scénario de fiction.

Nationalisée en 1982 et dirigée par un énarque, le Crédit Lyonnais devint en dix ans le premier réseau bancaire européen. Mais mal gérée, la banque s'avéra être un géant aux pieds d'argile au point que, face à des pertes abyssales et à défaut de déposer le bilan puisqu'il s'agissait d'une entreprise publique, deux plans de sauvetage furent organisés par l'État dès 1994. Le premier plan permit d'éliminer plus de 42 milliards de francs de créances immobilières douteuses et le second plan, un an plus tard, permit cette fois de vendre des biens au rabais, c'est-à-dire à perte, pour récupérer des liquidités. Des plans évidemment payés avec l'argent du contribuable et qui ne seront soldés qu'en 2013 avec l'obligation par l'État d'emprunter finalement 4,5 milliards d'euros supplémentaires. Une dette publique dont le ministre de l'Économie de l'époque, Pierre Moscovici, affirma à la télévision qu'il fallait « *mettre tout cela derrière nous* ».

Et comme la réalité dépasse donc souvent la fiction dans le monde bancaire soutenu par l'argent public, l'incendie du siège social parisien du Crédit Lyonnais en mai 1996 fit disparaître toutes les archives utiles aux enquêtes judicaires menées par la juge Eva Joly sur cette affaire. Un incendie qui, reconnu par les experts comme volontaire, autrement dit criminel, fut suivi un an plus tard d'un second incendie, cette fois « inexplicable », qui détruisit les dernières archives stockées dans un dépôt au Havre.

En outre, d'après le site Internet d'investigation Violationtracker, la banque BNP Paribas a, de son côté, payé depuis l'an 2000 plus de 10 milliards de dollars d'amendes, dont une grosse partie pour fraudes fiscales. Et récemment, la très « respectueuse » banque Crédit Suisse, malgré une longue liste de faits de corruption, de blanchiment d'argent, de liens illégaux avec des oligarques russes ou des pays corrompus et peu recommandables, a été sauvée par l'État helvétique pour préserver la stabilité financière de la Suisse et tourner la page. Quand les banques traditionnelles persistent à souligner la prétendue criminalité de Bitcoin, c'est donc un peu « *l'hôpital qui se moque de la charité* ».

Le fait que les criminels, toujours « perspicaces », c'est-à-dire en avance technologique sur leur temps, aient plébiscité dès 2011 ce moyen de paiement pour exercer leurs activités illégales montre surtout que le protocole Bitcoin fonctionnait déjà parfaitement d'un point de vue technique. Et qu'il remplissait donc déjà il y a plus de dix ans son objectif de permettre des échanges de valeurs sur Internet sans aucun contrôle, ni censure, en toute liberté.

En d'autres termes, vouloir faire interdire l'usage des bitcoins parce qu'il était utilisé par des criminels aurait été aussi idiot que d'interdire l'automobile dans les années 1911 parce que la bande à Bonnot, appelée « les criminels en automobile » avait su avant tout le monde, et bien avant la police à bicyclette, s'en servir intelligemment. Ou que de vouloir interdire le dollar américain parce qu'il est, et de loin, le moyen d'échange le plus courant dans le trafic de drogue, le financement du terrorisme et la plupart des activités criminelles d'envergure.

Une étude publiée en mars 2013 sur le site Internet Journal of Forensic Sciences et réalisée sous la houlette du FBI montre à ce titre que des traces de cocaïne, d'héroïne, d'amphétamines ou d'ecstasy sont présentes sur plus de 97 % des billets de banque en circulation aux États-Unis. Un taux qui monte à 100 % pour la seule ville de Chicago.

Grâce à la transparence totale de la blockchain Bitcoin, le site Internet Chainalysis et son très suivi « Crypto Crime Report » annuel fait d'ailleurs valoir que la proportion des transactions criminelles sur le réseau Bitcoin n'aurait représenté en 2023 que 0,34 % de l'ensemble des transactions inscrites sur la blockchain. Ce qui constitue, certes, une somme importante mais toute relative puisque les criminels savent dorénavant que leur anonymat sur la blockchain les rend en réalité très vulnérables dès qu'ils transforment leurs bitcoins en monnaie fiduciaire.

Utiliser la cryptomonnaie pour des activités criminelles n'est donc clairement pas une situation d'avenir et les arguments pour prouver le contraire que ne cesse d'avancer Jamie Dimon, le patron de la très controversée banque JP Morgan qui a largement couvert les fraudes de Bernard Madoff et qui a joué un rôle prépondérant dans la crise des subprimes, au point d'avoir payé plusieurs milliards de dollars d'amendes pour éviter des poursuites liées à ces scandales, deviennent de fait de plus en plus grotesques.

Il est d'ailleurs ici utile et amusant de rappeler que les victimes d'arnaques sous forme de rançons contre des bitcoins ont parfois vécu l'étrange paradoxe d'en tirer des bénéfices substantiels. Comme le rappelle un article du journal Le Parisien publié sur son site Internet le 2 juillet 2022, l'université de Maastricht aux Pays-Bas a, par exemple, été obligée de payer en 2019 une somme de 200 000 euros en bitcoins pour retrouver l'usage de son système informatique piraté.

Mais la police néerlandaise sut, en quelques mois, remonter la blockchain jusqu'à un pirate ukrainien et récupéra les bitcoins dont, entre-temps, la valeur avait presque triplé. Ce qui permit à cette université d'ouvrir un fonds destiné aux étudiants boursiers ou en difficulté, une initiative qui ne fut toutefois qu'assez peu relayée par la presse très critique vis-à-vis de Bitcoin mais peu encline à faire valoir les bonnes nouvelles concernant cet écosystème.

Enfin, comme Bitcoin fonctionne grâce au mécanisme de la preuve de travail qui requiert une consommation d'électricité très importante, il y a une dernière critique incontournable qui correspond à des préoccupations écologiques légitimes selon lesquelles l'énergie utilisée pourrait l'être pour « *quelque chose de mieux* ». Mais selon la formule attribuée à Mark Twain qui nous dit qu' « *une fausse information aura le temps de faire le tour du monde quand une vérité aura tout juste le temps de lacer ses chaussures* », il est ici bon de faire un peu d'humour à la Tom Sawyer pour se rendre compte des énormités que les opposants au Bitcoin racontent au sujet de sa consommation électrique.

Le journaliste anglais Anthony Cuthbertson, élu « Digital writer of the year » en 2015 par une association de journalistes indépendants a, par exemple, écrit en décembre 2017 dans le journal Newsweek que « *le minage de Bitcoin est en passe de consommer toute l'énergie mondiale d'ici 2020* » sans jamais consentir le moindre *mea culpa* d'avoir factuellement raconté n'importe quoi puisqu'en 2024 les faits lui donnent tort alors que le fond de son article est souvent repris par les plus pessimistes sur l'avenir de l'écosystème crypto.

Et sachant qu'une information, indépendamment de son degré de fiabilité, se propage d'autant mieux qu'elle est spectaculaire et catastrophique, de très nombreux articles de presse décrivent la consommation électrique de Bitcoin, estimée en 2023 par le site Internet Techopedia à environ 100 TWh par an, comme extrêmement énergivore. Ces articles la comparent ainsi souvent à celle de différents pays comme la Finlande, Israël ou encore les Pays-Bas. Or cette comparaison contourne en réalité le problème en introduisant immédiatement un jugement moral, ce qui rend la discussion difficile, voire impossible.

La vraie question qui devrait toujours entourer la moindre consommation énergétique, même minime, même celle d'une petite ampoule, devrait d'abord être celle de son utilité. C'est l'utilité d'une consommation d'énergie, quelle qu'elle soit, qui devrait nous permettre de juger si elle est un gaspillage, ou non, en dehors de toutes considérations morales, et donc subjectives.

Car si on compare la consommation du protocole Bitcoin et du système de la preuve de travail qui en est le corollaire avec celle d'un pays ou d'un secteur économique, alors il faudrait faire la même comparaison avec, par exemple, la consommation des guirlandes de Noël aux États-Unis dont on peut s'interroger sur leur utilité civilisationnelle. Et c'est précisément ce que nous montre un article de 2015 sur le site Internet Center for Global Development selon lequel la consommation de ces guirlandes y pesait 6,63 TWh alors que la consommation nationale annuelle, toutes activités confondues, de l'Éthiopie ou du Salvador était, elle, de 5,30 TWh.

Sans compter que les critiques visant la consommation d'énergie du protocole Bitcoin s'intéressent rarement à celle, pourtant considérable, des infrastructures numériques qui soutiennent les réseaux sociaux, YouTube ou Netflix. L'usage de ces services, qui représente une part importante de la bande passante mondiale, implique en effet une consommation électrique massive, dont l'utilité peut elle-même être discutée.

Autrement dit, à l'image de ceux qui croient en l'aventure de l'exploration spatiale comme d'autres auraient cru aux explorations de Christophe Colomb ou de Magellan, et qui fondent leur jugement sur l'utilité de ce qui est entrepris plutôt que sur son coût, l'envergure de Bitcoin ne peut s'envisager qu'à travers cette manière optimiste de se projeter vers l'avenir. Une projection qui correspond, comme nous le verrons, à l'esprit des Lumières et de Spinoza, c'est-à-dire à une certaine foi dans le progrès et dans la défense de la liberté.

Et le protocole Bitcoin, une fois que son utilité à produire une bonne monnaie sera reconnue dans notre monde numérique irréversible, nous permettra d'abord de comprendre l'intérêt d'une consommation électrique importante. Mais il nous obligera aussi à envisager la nécessité de passer d'une monnaie « dette » à une monnaie « marchandise » fondée justement sur les vertus de l'énergie. Une étape essentielle à franchir.

9. Une monnaie fondée sur les vertus de l'énergie.

Pour les États, l'inflation n'est pas seulement une conséquence de la création monétaire, elle constitue aussi une forme d'impôt indirect particulièrement efficace. En augmentant mécaniquement les recettes fiscales, notamment la TVA et les cotisations sociales, elle contribue également à alléger le poids relatif de la dette publique. Et puisque celle-ci est évaluée en proportion du PIB, toute hausse de la richesse produite tend à en réduire le ratio et facilite, en apparence du moins, le financement de l'endettement public.

Notre système monétaire a donc tout intérêt à favoriser l'inflation pour permettre la croissance puisque ce qui est bon pour l'État semble l'être aussi évidemment pour tous les acteurs économiques privés qui considèrent que croissance et progrès vont de pair. Mais si l'interventionnisme monétaire des États a permis de sauver plusieurs fois ce système, notamment en 2007 et en 2020, il a surtout permis de l'entretenir en corrigeant continuellement les déséquilibres qu'il contribue lui-même à produire et en maintenant artificiellement sous perfusion des entreprises ou des activités « zombies » qui auraient difficilement survécu dans un environnement vraiment concurrentiel.

Au-delà de l'image des trous creusés et rebouchés pour lutter contre le chômage, c'est aussi l'intérêt de comprendre le sophisme de la vitre cassée qu'avait déjà étudié et critiqué en son temps l'économiste libéral français Frédéric Bastiat, et dont Mises s'est beaucoup inspiré.

Sa démonstration nous montre bien que, même si le travail qui consiste à remplacer une vitre cassée profite au vitrier, celui-ci ne stimulera jamais *in fine* l'économie. Car si la vitre n'avait pas été cassée, son propriétaire aurait pu consacrer le même argent à un autre achat et aurait eu, dit Bastiat, « *tout à la fois la jouissance d'une paire de souliers et celle d'une vitre* ».

Le véritable paradoxe de l'expansion monétaire n'est pas seulement de maintenir artificiellement certains acteurs économiques en activité. Il réside surtout dans l'affaiblissement progressif de la monnaie elle-même. Or une monnaie qui perd continuellement de la valeur décourage naturellement l'épargne et favorise la consommation immédiate ainsi, donc, qu'une hausse permanente des besoins de production énergétique.

L'économiste Saifedean Ammous, auteur de *L'étalon Bitcoin* publié en 2018, illustre d'ailleurs astucieusement cette logique en imaginant une monnaie constituée de bananes. Parce qu'elles sont périssables, leurs détenteurs seraient naturellement incités à les dépenser rapidement ou à les convertir en biens plus durables, comme du bois, afin de préserver leur valeur dans le temps.

Nous comprenons de ce fait que pour lutter contre l'inéluctable dévaluation des bananes, nous serions donc mécaniquement incités à dépenser plus que nécessaire, sans jamais considérer l'option de thésauriser ce moyen d'échange dont la valeur est vouée à diminuer avec le temps. Dans une vision tout à fait keynésienne puisque Keynes lui-même considérait l'épargne comme un mal contre lequel les politiques publiques devaient lutter, l'augmentation de la consommation de bananes impliquerait *de facto* une augmentation tout à fait inutile et superflue de la production d'énergie, dans notre exemple de bois, qui est pourtant contraire à l'idée de sobriété considérée unanimement comme nécessaire au 21e siècle.

Cet exemple n'est pourtant pas si simpliste qu'il peut en avoir l'air car la réalité est que, justement, à ce jour, le pic de production du charbon n'a paradoxalement pas encore été atteint et que les productions de bois et de charbon de bois dans le monde progressent chaque année très fortement. Les pétroliers ont, eux, prévu que leur production continuera d'augmenter dans les années à venir et Total a, par exemple, annoncé fin 2023 que sa production d'hydrocarbures augmenterait de 2 à 3 % sur les cinq prochaines années. À l'horizon 2030, Total a aussi annoncé que le pétrole et le gaz représenteraient encore 80 % de son mix énergétique contre environ 20 % seulement pour les énergies décarbonées.

Et quand l'entreprise RTE qui gère le réseau électrique en France annonce à son tour sur son site Internet que, d'ici 2035, la consommation d'électricité pourrait quasiment doubler par rapport à 2023, elle fait simplement état de la demande réelle des acteurs économiques pris entre leurs objectifs environnementaux et leurs contraintes économiques réelles.

Ce qui montre bien que certaines formes de décroissance fondées sur la restriction de la consommation apparaissent difficilement compatibles avec les aspirations matérielles des sociétés modernes qui restent profondément structurées par la recherche de confort matériel, de mobilité et d'amélioration du niveau de vie.

Un paradoxe qui se comprend mieux face, par exemple, à la situation des agriculteurs très largement soutenus par le reste de la population qui continue pourtant d'acheter leurs fruits, leurs légumes et leur viande dans des supermarchés parce qu'ils y sont moins chers, malgré les préoccupations environnementales souvent exprimées par les consommateurs.

Certaines propositions radicales faites par exemple par l'Agence de la transition écologique, l'ADEME, qui nous imposeraient de ne plus prendre l'avion, de ne plus construire de maisons neuves, de réduire drastiquement la production de ciment ou de ne plus consommer tel ou tel produit ou service, aboutissent ainsi souvent à des excès et à des injustices que critiquaient déjà les économistes autrichiens. Avec l'idée que les systèmes économiques fondés sur la contrainte produisent souvent des effets pervers plus importants que les déséquilibres qu'ils cherchent initialement à corriger.

Les énergies renouvelables, EnR, présentent toutefois une difficulté structurelle liée à leur intermittence. Produites de manière irrégulière et souvent loin des bassins de consommation, elles imposent au réseau électrique une flexibilité permanente afin d'équilibrer en temps réel l'offre et la demande.

C'est l'épineux problème des prix négatifs en cas de surproduction d'énergie non stockable à cause de laquelle EDF doit faire face à une alternative simple. Soit se résoudre à payer ses clients du « marché de gros » pour qu'ils consomment davantage, soit limiter la production en mettant, par exemple, une centrale nucléaire à l'arrêt comme ce qui est arrivé avec la centrale de Cattenom en été 2024.

Selon un article du site Internet du journal luxembourgeois Le Quotidien daté du 3 mai 2024, un des réacteurs de cette centrale a effectivement été mis à l'arrêt à cause d'un « trop plein » d'électricité tirée des EnR disponibles sur le réseau mais qui ne sont pas, elles, modulables, c'est-à-dire flexibles.

Construire suffisamment d'éoliennes, de barrages ou de panneaux solaires pour répondre aux besoins est donc nécessaire mais ce n'est tout simplement pas rentable et les producteurs d'EnR en sont aujourd'hui paradoxalement réduits à dépendre des énergies fossiles stockables pour équilibrer en permanence, et en temps réel, l'offre et la demande. La Chine, par exemple, disposerait à elle seule de plus de centrales à charbon que l'Inde et les États-Unis réunis et l'Allemagne, malgré tous ses investissements dans le renouvelable, est aujourd'hui également contrainte de s'appuyer sur le charbon pour fournir plus d'un tiers de sa production d'électricité et répondre à la flexibilité de la demande.

C'est pourquoi l'idée selon laquelle il suffirait de réduire la dépendance aux énergies fossiles pour limiter le réchauffement climatique est contestable, comme le démontre l'historien des sciences Jean Baptiste Fressoz dans son essai *Sans transition* publié en 2024. Selon lui, démonstration à l'appui, parler de transition écologique ou penser qu'une énergie pourrait en remplacer une autre est faux et rend les discours contre les énergies fossiles nocifs et contre-productifs. Fressoz démontre que, en réalité, la décarbonation est plutôt liée à la façon dont toutes les énergies sont imbriquées entre elles et seule cette prise de conscience peut nous permettre d'envisager une production mieux adaptée, rationnelle, sobre et bien plus utile contre le réchauffement climatique.

C'est précisément là que le minage de Bitcoin présente une singularité intéressante. Contrairement à une activité industrielle classique, par exemple une usine automobile, une ferme de minage peut interrompre presque instantanément sa consommation électrique sans conséquence majeure, ce qui en fait un outil particulièrement adapté à l'absorption temporaire des surplus énergétiques. Cette flexibilité pourrait ainsi accompagner le développement des énergies renouvelables intermittentes en contribuant plus efficacement à l'équilibrage des réseaux électriques.

Les mineurs et leur consommation électrique sont donc très efficaces pour nous éloigner des énergies fossiles, stimuler les projets de production d'EnR et, le cas échéant, financer un barrage, le construire et le faire fonctionner même s'il est éloigné des zones d'activité. Le minage est aussi, indirectement, un moyen industriel particulièrement intéressant pour développer des réseaux électriques dans des zones isolées. À terme, ces infrastructures pourraient alimenter de nouveaux consommateurs qui, sans les mineurs, n'auraient peut-être jamais eu accès à l'électricité pourtant nécessaire à leur développement économique et social. Et surtout de le faire sans être contraints d'utiliser du pétrole ou, dans des zones très reculées comme en Afrique centrale, du charbon de bois.

Le parc national des Virunga, en République démocratique du Congo, constitue sans doute l'exemple le plus frappant de cette logique. Grâce à l'exploitation de centrales hydroélectriques jusque-là sous-utilisées, le minage de bitcoins aurait permis à la fois de financer la protection du parc, de soutenir l'économie locale et de développer un accès à l'électricité dans une région durablement fragilisée par la guerre, le braconnage et la pauvreté.

La vision critique selon laquelle la consommation électrique de Bitcoin serait un gaspillage et serait mauvais pour l'environnement est donc particulièrement biaisée par l'aspect disruptif de cette nouvelle technologie qui empêche ses détracteurs de réaliser que l'idée même de transition énergétique correspond à des raisonnements souvent davantage fondés sur des objectifs politiques ou symboliques que sur les contraintes techniques réelles des systèmes énergétiques.

Au contraire, considérer les qualités intrinsèques de cette nouvelle monnaie numérique basée sur une importante consommation d'énergie électrique correspond précisément aux projections de l'AIE, l'Agence internationale de l'énergie. Car selon elle, il est dorénavant primordial de promouvoir toutes les solutions technologiques qui pourraient assurer la flexibilité du système productif, garantir l'approvisionnement et la consommation en permanence.

Dans un communiqué de presse daté du 27 janvier 2021 disponible sur son site Internet, l'AIE explique que dans un réseau reposant en majorité sur les EnR, si les sources de flexibilité étaient suffisamment développées, et notamment le pilotage à la demande un peu sur l'exemple des heures creuses proposées par EDF pour vendre une électricité que personne ne veut consommer la nuit, l'approvisionnement pourrait enfin être garanti.

L'importante consommation électrique que représente la preuve de travail du protocole Bitcoin constitue de ce fait une manière particulièrement adaptée de stimuler le développement technologique et la recherche, tout en favorisant une décarbonation que les COP, les conférences des Nations Unies sur les changements climatiques, peinent encore à mettre en œuvre malgré des objectifs ambitieux dont les résultats concrets restent jusqu'à présent limités.

La COP 21 organisée à Paris en 2015, avec son objectif de limiter le réchauffement climatique à +2 °C, illustre les difficultés structurelles des grandes négociations climatiques internationales malgré l'ampleur des ambitions affichées. Au point que certains écologistes eux-mêmes considèrent aujourd'hui les COP comme des « *machines à greenwashing* » qui ne fonctionnent pas, coûtent une fortune à organiser et dont « *il n'y a plus grand-chose à attendre* » comme le disait François Hollande en 2022 lors de la COP 27 en Égypte.

Et au lieu de rester enfermé par un dogmatisme idéologique, nous devrions plutôt profiter des opportunités qu'offrent l'écosystème crypto pour remplacer les politiques énergétiques actuelles par des mécanismes économiques davantage fondés sur les incitations de marché et, par exemple, d'investir dans le minage. Ou, tout du moins, d'en supporter l'activité.

D'après les données publiées par EDF, comme la capacité de production électrique annuelle est de 400 TWh alors que la production n'a été, en 2022, que de 279 TWh, si les centrales nucléaires n'avaient pas été mises à l'arrêt comme ce fut donc le cas à Cattenom, ou si elles avaient tourné à plein régime, l'électricité produite aurait ainsi certainement pu être vendue aux mineurs sans véritable surcoût. EDF estime en effet que le coût marginal de production pour augmenter la production, par exemple de 300 à 400 TWh, se situe autour de 6,4 euros par MWh, un niveau particulièrement faible à l'échelle des marchés énergétiques.

Au Texas et au Japon, certains producteurs utilisent déjà les fermes de minage comme variable d'ajustement du réseau électrique. Lorsque la demande augmente brutalement, les mineurs qui y travaillent interrompent leur activité en quelques secondes et libèrent instantanément de la capacité électrique en permettant alors d'éviter non seulement les prix négatifs mais de proposer aussi une énergie plus propre et surtout moins chère à leurs clients. Tout en se constituant un capital à venir.

Et si depuis 10 ans EDF avait saisi cette opportunité de flexibilité pour alimenter des mineurs ou pour miner eux-mêmes des bitcoins, le capital constitué aurait peut-être permis à cette entreprise publique d'éviter une dette estimée, selon son propre rapport d'activité de 2023 disponible sur son site Internet, à plus de 64 milliards d'euros.

Malgré la situation de quasi-faillite de l'État, beaucoup d'économistes plutôt de gauche et dont la plupart sont de manière assez caricaturale opposés aux cryptomonnaies, considèrent que la seule solution pour sauver notre économie et assurer cet investissement colossal contre le réchauffement climatique serait tout simplement d'annuler une partie de la dette publique de la BCE. Car effectivement, grâce à cet astucieux procédé qu'est le quantitative easing, le fait est que la banque centrale détient aujourd'hui 25 % de la dette publique européenne et se trouve dans la situation ubuesque de détenir de la dette sur elle-même.

Mais certains économistes plus avisés et moins habités par des idéologies contraignantes considèrent qu'il serait certainement préférable, et bien plus rentable, d'inventer un moyen de changer la destination de cette dette. En d'autres termes, à défaut d'une annulation unilatérale qui serait catastrophique pour les marchés, leur idée consiste à transformer cette dette en un investissement dans la recherche et la production d'énergie renouvelable. De manière à diminuer progressivement, avec une sobriété choisie plutôt que contrainte, l'usage des énergies fossiles qui seront de toute façon toujours nécessaires et utiles.

Partant du principe qu'une dette ne devrait jamais servir à rembourser une autre dette mais qu'elle ne devrait financer que des investissements rentables qui dégagent des revenus et permettent de rembourser un capital, cette réorientation de la dette serait pour certains une forme de « plan Marshall de l'écologie ». L'industrie du minage pourrait ainsi, dans un mouvement vertueux, non seulement faire correspondre l'offre et la demande électrique à venir, mais elle pourrait aussi, et surtout, rentabiliser ces nécessaires investissements publics qui permettraient, en relançant l'économie et *in fine* la croissance attendue par les populations, une décarbonation vraiment efficace.

La décarbonation ne serait dès lors plus uniquement perçue comme une charge économique nécessaire, mais comme l'opportunité de transformer certaines contraintes énergétiques en création de valeur. Le minage de Bitcoin deviendrait alors bien davantage qu'un simple outil monétaire puisqu'il pourrait aussi constituer une infrastructure de flexibilité capable d'accompagner l'évolution des réseaux électriques modernes.

« Il ne faut jamais se montrer difficile sur le moyen de se sauver de l'étripade, ni de perdre son temps non plus à rechercher les raisons d'une persécution dont on est l'objet. Y échapper suffit au sage. »

Céline, « Voyage au bout de la nuit. »

10. Bitcoin, une révolution pratique et philosophique.

Si Hayek exprime son « *accablement* » devant l'inflation, l'abus du pouvoir monétaire des États et les risques de surendettement chronique qui en découlent, Milton Friedman s'est lui aussi longuement intéressé à cette question. Il s'est notamment exprimé à la télévision, dans la célèbre série documentaire *Free to Choose*, diffusée dans les années 1980 et disponible sur YouTube, ainsi que lors de conférences publiques où son humour et son talent de pédagogue étaient largement reconnus.

Prix Nobel d'économie en 1976, deux ans seulement après que Hayek l'a reçu dans un contexte où la pensée keynésienne était pourtant omniprésente, Friedman demeure aujourd'hui une figure aussi admirée que contestée, notamment dans une partie du débat public où le libéralisme reste étonnamment associé à une image fortement négative.

Mais la critique du « néo-libéralisme », souvent opposée à ces économistes libéraux, repose fréquemment sur une catégorie assez floue, rarement revendiquée par ceux qu'elle prétend désigner. Elle permet de ce fait de critiquer un courant d'idées sans toujours en définir précisément les contours.

Pour Friedman, il n'existe de toute façon aucun exemple de « *totalitarisme communiste qui évolue en société démocratique* » et il nous montre au contraire dans son essai *Capitalisme et liberté* publié en 1962 qu'une société libre doit toujours dépasser « *les étroits intérêts matérialistes qui dominent les sociétés collectivistes* ». Selon lui, et conformément à l'esprit de la Déclaration des droits de l'homme et du citoyen de 1789 selon laquelle l'État ne devrait contraindre un individu contre sa volonté que pour l'empêcher de causer du tort à autrui, une économie libérale se doit, dit-il, de « *préserver un degré maximal de liberté compatible avec la nécessité de ne pas empiéter sur la liberté d'autrui* ».

Ces arguments rappellent ceux défendus par Adam Smith, pour qui l'économie obéit à des lois rationnelles et selon lequel la croissance au bénéfice de tous émerge d'abord des intérêts individuels. Le boulanger, selon lui, ne cherche pas d'abord à servir l'intérêt général. Il cherche à vivre de son travail, à satisfaire ses clients et à améliorer sa condition. C'est précisément cette poursuite de l'intérêt individuel qui peut, indirectement, produire un bénéfice collectif.

Ni la morale, ni la bienveillance pour autrui, et encore moins la commisération, comme le disait Spinoza, ne poussent un artisan à l'excellence. C'est plutôt en recherchant son propre intérêt que celui-ci augmentera la qualité de son service et contribuera naturellement à l'amélioration des relations économiques et sociales.

À l'inverse, lorsque les États dirigistes essaient, eux, de gérer l'économie au profit de la collectivité avec de l'argent qu'ils n'ont pas, un peu comme les ministères soviétiques qui dépensaient inutilement leur argent par crainte de ne plus avoir les mêmes budgets pour les exercices suivants, ils risquent au contraire d'entretenir les déséquilibres qu'ils prétendent corriger, d'aggraver les crises économiques sur le long terme et d'appauvrir les gens.

L'intérêt des premiers cypherpunks pour l'esprit libéral de Hayek et de Friedman s'illustre d'ailleurs bien avec l'exemple de l'inflation considérée comme une « *maladie sociale* » ou une servitude d'autant plus dangereuse qu'il est très difficile de s'en extraire. Friedman la comparait astucieusement à l'alcoolisme en expliquant que, dans les deux cas, les effets agréables apparaissent en premier, tandis que les conséquences les plus destructrices ne surviennent que plus tard. À l'inverse, lorsque vient le moment d'y mettre fin, les effets douloureux se manifestent immédiatement alors que les bénéfices tardent à apparaître.

Or, cette incapacité à s'extraire d'une telle dépendance renvoie au thème de la servitude volontaire, dont Étienne de La Boétie a donné l'une des formulations les plus saisissantes dans son *Discours de la servitude volontaire*, rédigé vers 1548. Dans cet essai, il montre comment les hommes peuvent parfois consentir à leur propre assujettissement et pourquoi, comme le dira Spinoza un siècle plus tard, ils « *combattent pour leur servitude comme s'il s'agissait de leur propre salut* ».

Selon La Boétie, si un peuple est opprimé, c'est d'abord parce qu'il y consent contre un intérêt. Et s'il se soumet à abandonner sa liberté, c'est en échange d'un confort lié à une habitude qui, dit-il, « *nous apprend à avaler le venin sans le trouver amer* ». Un confort intellectuel grâce auquel l'individu peut aussi se positionner en victime de l'oppresseur et lui permettre, alors, de désigner un responsable de ses malheurs ou de sa « *mauvaise fortune* » le cas échéant.

C'est d'ailleurs ce confort infantilisant que le philosophe allemand Emmanuel Kant considère, lui aussi, comme un état de tutelle dont l'homme est lui-même responsable dans la mesure où, par faiblesse ou par paresse, il a tendance à se soumettre aux préjugés contraires à la nécessité de « *penser par soi-même* ».

Cette tendance à « *préférer les préjugés* » à l'effort de compréhension explique d'ailleurs si bien pourquoi quelqu'un, sans rien connaître aux cryptomonnaies, est étonnamment capable de les critiquer avec force sans se rendre compte que ses arguments accablants contre elles illustrent en réalité son asservissement aux éléments de langage des banques centrales ou de ses pires détracteurs. Et pourquoi, en reprenant toujours les mêmes poncifs que nous avons vus plus haut sur la criminalité ou la consommation électrique, il défend en réalité son geôlier qui agit contre ses intérêts en ne lui assurant qu'un appauvrissement et une forme de servilité.

C'est la raison pour laquelle, en restant attachés à des représentations héritées du système monétaire traditionnel, les opposants au Bitcoin peinent à envisager les cryptomonnaies autrement qu'à travers les critiques qui les entourent. Ils s'interdisent ainsi de saisir un outil qui, sans prétendre résoudre tous les problèmes, ouvre la possibilité à de nouvelles formes d'autonomie financière et d'échange décentralisé. Autrement dit, de liberté.

Mais le philosophe le plus utile pour comprendre le mécanisme causal de la servitude et les moyens intellectuels pour s'en extraire, est donc Baruch Spinoza pour qui l'impuissance des hommes à maîtriser et à contrôler leurs affects fait qu'ils en sont souvent réduits à « *voir le meilleur, à l'approuver et à faire le pire* ». C'est-à-dire à vouloir ce qu'ils ne font pas et à faire ce qu'ils ne veulent pas.

Une idée que défend avec un certain humour la seconde proposition de la troisième partie de *l'Éthique* consacrée à l'origine et à la nature des affections. Selon la scolie de cette proposition, les hommes sont non seulement incapables de se contrôler mais ils agissent aussi souvent contre leurs propres intérêts et, écrit Spinoza, « *les affaires des hommes seraient en bien meilleur point s'il était également en leur pouvoir tant de se taire que de parler ; mais, l'expérience l'a montré surabondamment, rien n'est moins au pouvoir des hommes que de tenir leur langue* ».

De fait, le plus grand danger de la liberté est, selon Spinoza, de croire en notre volonté libre et de feindre ignorer que si nous sommes conscients de nos actions, nous sommes en réalité toujours ignorants des causes qui les déterminent. Et que si nous connaissons bien les effets des choses, nous ne pouvons pas connaître leurs vraies causes puisqu'il faudrait, pour cela, remonter de causes en causes jusqu'à la cause première qui n'est autre, pour Spinoza, que Dieu, autrement dit la nature. C'est le sens de son célèbre « *Deus sive Natura* » selon lequel Dieu et la nature ne constituent qu'une seule et même réalité.

Dans cet esprit, la liberté devient alors moins une absence de contraintes qu'une compréhension du lien de causalité des choses, à partir de laquelle nous pouvons lutter contre nos servitudes, ne plus les subir et ne plus considérer les événements par leurs seuls effets.

C'est au fond une forme de lucidité contraire aux illusions, que Sigmund Freud définit comme « *une croyance motivée par la réalisation d'un désir en ne tenant pas compte, de ce fait, de la réalité* ». Une lucidité qui consiste finalement à ne plus vivre dans le nihilisme que décrira plus tard Friedrich Nietzsche pour qui les hommes se perdent dans des idéaux idéologiques, politiques ou religieux à cause desquels ils nient le réel, s'infantilisent et se rendent malheureux.

Deux exemples de servitudes caractéristiques de notre capacité à vivre dans l'illusion et à nous freiner dans la vie peuvent ainsi nous aider à apprécier l'intérêt de la démarche spinoziste dans notre vie quotidienne. Et, de fait, à réfléchir à ce que Bitcoin peut être comme outil de liberté.

Le premier exemple est celui de la haine dont la particularité singulière est de faire plus souffrir celui qui l'exprime que celui qui en est l'objet. Car si Spinoza ne cherche pas à en analyser les ressorts, ni ses causes ou ses effets d'un point de vue moral, il pose plutôt dans la scolie de la proposition 13 de la troisième partie de *l'Éthique* la définition claire selon laquelle « *la haine est une tristesse qui est associée à l'idée d'une cause extérieure* ».

C'est-à-dire que si nous ressentons de la haine vis-à-vis d'un étranger, c'est que nous l'associons à cette idée que nous nous faisons de lui pour des raisons qui nous échappent souvent, ce qui est logique puisqu'il est étranger et par nature différent. Or, pour Spinoza et sa théorie des affects selon laquelle « *le désir qui naît de la joie est toujours plus fort que le désir qui naît de la tristesse* », si cette cause extérieure est modifiée par l'éducation, par l'empathie ou grâce au travail de la raison en s'intéressant dans ce cas d'espèce aux qualités de cet étranger, alors le sentiment de tristesse qui y est associé disparaît mécaniquement. Et, de ce fait, la haine qui y était associée également.

Mais le spinozisme n'est pas seulement une philosophie spéculative qui s'intéresse aux grands concepts de la philosophie générale, c'est aussi, et surtout, une philosophie pratique. C'est l'art de « *faire de bonnes rencontres* » nous dit le spinoziste Gilles Deleuze qui reprend une idée darwinienne selon laquelle « *la fonction essentielle de l'intelligence est de démêler, dans des circonstances quelconques, le moyen de se tirer d'affaire* ».

C'est pourquoi le second exemple de servitude que je souhaite évoquer ici est plus concret et touche à notre vie la plus ordinaire. Il s'agit de la foudre qui peut symboliser, par exemple pour Blaise Pascal, notre misère intérieure à affronter sereinement la nature. Une idée reprise par Spinoza pour qui la crainte des phénomènes naturels illustre notre servitude et notre propension à projeter des causes morales ou imaginaires sur des phénomènes que nous comprenons mal.

Et le fait est que quand la foudre frappe et tue un innocent, l'ignorant, dirait Spinoza, tend à y voir la main de Dieu ou l'expression d'une intention morale. Ce mécanisme de pensée s'est d'ailleurs retrouvé dans de nombreuses autres situations historiques, notamment face au SIDA dans les années 1990 ou, plus récemment, lors de la pandémie de Covid-19, que certains interprétèrent comme des châtiments divins.

Mais toutes ces idées finalistes qui consistent à prendre les effets des choses pour leurs causes ne sont pourtant que des superstitions synonymes d'ignorance dans la mesure où la foudre ne fait, dit Spinoza, « *qu'exprimer l'essence de sa propre nature* ». Qui est de frapper. Sans bien sûr aucune intention morale de punir ou de récompenser qui que ce soit.

Or, la manière de se protéger de la foudre et de se libérer du danger qu'elle nous fait subir, ne devrait jamais consister à nous plaindre de notre mauvaise fortune ou d'une prétendue injustice divine, ni de faire valoir le moindre argument moral ou idéologique pour en justifier les effets. Au contraire, il s'agirait plutôt de réfléchir à ce que nous pourrions faire d'un point de vue éthique, c'est-à-dire de nous en protéger en étant rationnel, dans un esprit libre, ouvert au progrès, en restant curieux et confiant dans ce que les développements scientifiques et les nouvelles technologies nous offrent.

Il s'agirait, en l'espèce, d'installer simplement un paratonnerre qui, pour le comparer aux cryptomonnaies en tant qu'innovation technologique disruptive, est un exemple intéressant puisque, lui aussi, fut l'objet d'un véritable rejet dogmatique. C'est ce que raconte un célèbre procès du 18e siècle dans lequel se sont affrontés l'obscurantisme des hommes qui craignaient le progrès et luttaient pour leur servitude comme s'ils luttaient pour leur salut et le jeune avocat Maximilien de Robespierre. Car avant de devenir le révolutionnaire torturé que nous connaissons, Robespierre, en républicain attaché aux libertés fondamentales, incarnait alors une certaine confiance des Lumières dans le progrès scientifique, la raison et l'émancipation humaine.

Dans sa lutte contre tout ce qui nous empêche d'être libres et d'exprimer notre esprit critique, et notamment contre toutes les formes de féodalités comme les cypherpunks vont s'attacher à le faire en leur temps, la philosophie rationnelle des Lumières nous enseigne donc que notre « *salut* », c'est-à-dire notre liberté, dépend d'abord de la nécessité d'échapper aux formes internes de l'aliénation propre à la nature humaine. Mais qu'il nous faudra aussi lutter contre une multitude d'obstacles venus de l'extérieur, contre notre habitude d'obéir, contre notre nihilisme infantilisant, contre l'ignorance et contre la peur au profit d'une critique libératrice, non seulement des autres, mais surtout de nous-mêmes.

C'est d'ailleurs ce que nous enseigne Descartes qui, avec son *cogito*, « *je pense donc je suis* », nous apprend que la connaissance ne dépend plus de Dieu mais de la raison et que l'homme est donc en mesure de savoir par lui-même ce à quoi il doit ou ne doit pas croire. Étant entendu que la raison n'est pas un privilège de classe, que tout le monde la possède et que tout le monde peut comprendre la logique rationnelle selon laquelle rien dans la nature ne peut s'expliquer sans la raison.

Grâce à un réaménagement de l'enchaînement de nos idées en fonction du lien de causalité des choses, grâce « *à une hygiène mentale et à de nouveaux aiguillages* » nous dit encore Gilles Deleuze, la raison peut donc concrètement changer notre manière de vivre, transformer nos habitudes de penser et de réfléchir. Dans le cas de la haine, et sachant que si nos affects sont parfois irrationnels, ils expriment en réalité toujours une certaine logique, ce serait de comprendre quelles seraient les causes extérieures qui nous asservissent afin de nous en échapper. Dans le cas de la foudre ou de n'importe quel phénomène naturels dangereux, ce serait plutôt de comprendre quels pourraient être les moyens que la raison nous permet de développer pour nous en protéger et ne plus accabler la mauvaise fortune ou des causes extérieures qui, comme l'explique La Boétie, nous victimiseraient avec notre propre assentiment.

Il s'agirait donc de ne plus vivre par faiblesse, dans l'imagination nihiliste et dans l'illusion confortable mais plutôt sous la conduite de la raison et de notre potentielle capacité à regarder le monde tel qu'il est. Et pas tel que nous aimerions qu'il soit en prenant nos désirs pour des réalités à cause de quoi, par exemple, c'est quand tout va bien que les hommes ont tendance à perdre la foi alors que c'est quand tout va mal qu'ils se mettent à croire n'importe quoi.

Cette démarche spinoziste très originale et novatrice consiste au fond en une véritable « psychique mathématique » qui nous permet par exemple de lutter concrètement contre la haine, les effets de la mélancolie, contre la dépression ou contre un sentiment d'injustice comme on lutterait contre la faim ou la soif. C'est en quelque sorte une « immunologie de l'esprit », un antidote ou une méthode capable de créer des anticorps contre les effets extérieurs inadéquats et les servitudes et qui se comprend mieux en rappelant l'influence déterminante de Galilée sur Spinoza qui le précède de quelques années seulement.

Pour la première fois dans l'histoire des sciences et de la pensée, dans un raisonnement inductif et empirique, Galilée sut établir que les lois de la nature ne dépendaient pas de l'observation mais devaient plutôt être déterminées en fonction d'une expérience de pensée, d'un « pas de côté » que seule la raison et l'esprit critique permettent d'obtenir.

Selon Galilée, pour qui les mathématiques étaient donc le langage de l'univers, seul un regard libre, capable de se détacher de l'observation immédiate et trompeuse, permettait d'établir une vérité scientifique universelle. Et c'est sa loi sur la chute des corps dans le vide qui l'illustre le mieux. Cette théorie révolutionnaire ne fut prouvée en laboratoire qu'au 20e siècle mais elle nous montre que la vitesse de chute dans le vide d'un corps n'est pas proportionnelle à sa masse mais au temps passé à chuter. Et qu'une bille de plomb ou une plume de canard lancées dans le vide en même temps tomberont toujours à la même vitesse contrairement à ce que l'observation nous fait croire.

Cette nécessité de dépasser l'observation immédiate afin de rechercher les structures rationnelles cachées derrière les phénomènes se retrouve d'ailleurs aujourd'hui dans certaines tentatives d'analyse de Bitcoin. Le chercheur italien Giovanni Santostasi a ainsi développé une théorie dite du « *Power Law* » selon laquelle l'évolution du prix d'un bitcoin ne relèverait pas uniquement d'une spéculation désordonnée mais suivrait plutôt une croissance mathématique de long terme liée au développement progressif de son réseau.

Selon cette approche, Bitcoin évoluerait comme certains systèmes naturels ou complexes, comme l'Internet, les réseaux biologiques ou encore les grandes métropoles dont la croissance obéit à des lois de puissance. Malgré les phases d'euphorie spéculative et les krachs successifs, son prix demeurerait de ce fait inscrit dans une sorte de corridor logarithmique relativement stable sur le long terme qui permet à l'auteur de considérer qu'un bitcoin vaudra 1 million de dollars vers 2034.

Bien entendu, cette théorie reste discutée et ses critiques rappellent qu'un modèle mathématique ne peut a priori pas prévoir des ruptures politiques, réglementaires ou technologiques majeures. Mais son intérêt réside ailleurs car elle illustre surtout cette intuition héritée de Galilée, de Spinoza et de la philosophie des Lumières selon laquelle ce que nous prenons d'abord pour du désordre peut parfois n'être que l'effet de notre ignorance des causes réelles. Autrement dit, qu'un phénomène apparemment chaotique peut révéler, à un niveau plus profond, certaines régularités causales que l'observation immédiate ne permet pas de saisir.

Dans son essai *Qu'est-ce que les Lumières* publié en 1784, Kant évoque précisément cette nécessité de sortir de notre état de tutelle. De faire ce « pas de côté » qui permet de devenir adulte et lucide. Il écrit ainsi que « *Les Lumières, c'est la sortie de l'homme hors de l'état de tutelle dont la cause n'est pas due à une insuffisance de l'entendement mais à une insuffisance de résolution et de courage de s'en servir sans la conduite d'un autre* ».

Selon lui, seul un individu éduqué, sous la conduite de la raison, peut ainsi penser par lui-même et déterminer, dans une démarche éthique, ce qui est « vrai », ou « bon », et ce qui est toxique. Autant pour lui que pour la société. Au point, alors, de ne plus avoir besoin, par exemple dans le domaine de la piété, d'une autorité religieuse pour lui dire ce qu'est Dieu et quelle est la loi de Dieu.

En d'autres termes, si nous pensons par nous-mêmes, si nous raisonnons en adulte rationnel et si nous nous évertuons à nous attacher aux liens de causalité des choses, en comprenant par exemple que nos choix sont largement déterminés par des causes dont nous n'avons pas toujours conscience, nous n'aurons donc plus besoin d'une autorité morale pour nous enseigner les vraies vertus de la religion que sont, pour Spinoza, la charité et la justice.

Et, en ce qui nous concerne plus particulièrement dans cet essai sur Bitcoin, nous n'en aurions pas besoin non plus pour comprendre quelles sont les vraies valeurs éthiques dans les domaines politique et économique et quelle organisation étatique favorise réellement l'autonomie des individus.

Nous serions dès lors capables d'effectuer, nous aussi, cette « expérience de pensée » évoquée plus haut à propos de Galilée, de réfléchir à la manière des géomètres dirait Spinoza, et de ne plus prendre nos désirs pour des réalités ni tirer de conclusions hâtives de la seule observation des choses. Nous pourrions alors comprendre qu'un État qui limite les libertés individuelles au nom d'un objectif politique ou économique collectif risque presque toujours de produire des effets contraires à ceux qu'il prétend rechercher, particulièrement dans le domaine monétaire.

Et que, en ce sens, Bitcoin, en tant qu'outil de liberté, offre une voie concrète pour s'affranchir de la servitude monétaire dans laquelle le système actuel enferme aussi bien les États que les individus. Mais à condition de s'en donner les moyens.

Cette nouvelle monnaie numérique décentralisée apparaît ainsi moins comme une simple innovation financière que comme une étape supplémentaire dans ce long mouvement d'émancipation intellectuelle hérité des Lumières et de la philosophie de Spinoza.

« *Les nations de nos jours ne sauraient faire
que dans leur sein les conditions ne soient pas
égales; mais il dépend d'elles que l'égalité les
conduise à la servitude ou à la liberté, aux
lumières ou à la barbarie, à la prospérité ou
aux misères.* »

  Alexis de Tocqueville, « *De la démocratie
en Amérique.* »

11. Bitcoin, une révolution libérale et optimiste.

Dans son essai *Vers une société sans État* de 1973, le libertarien David Friedman, professeur d'économie et de droit en Californie, nous explique à son tour que tous ceux qui ont œuvré dans le sens de la libération de l'homme ont presque tous nié le libre arbitre et adopté la thèse du déterminisme, conformément à l'état d'esprit spinoziste. Alors que les partisans du libre arbitre cartésien se sont très souvent révélés être des conservateurs opposés aux initiatives individuelles, Friedman oppose ainsi deux traditions intellectuelles, l'une, matérialiste et déterministe, qui insiste sur les causes réelles des comportements humains et sur la limitation du pouvoir politique, l'autre, plus idéaliste, qui prétend refonder la société au nom de principes abstraits d'égalité et qui a parfois servi de justification à des formes de pouvoir autoritaires.

Et sanguinaires car si une idéologie politique n'a jamais tué pour la liberté, l'histoire nous enseigne que l'on a par contre très souvent coupé des têtes pour proclamer l'égalité.

Pour David Friedman, qui se considère lui-même comme « anarcho-capitaliste », les libertariens défendent une organisation sociale fondée sur les échanges volontaires et la limitation maximale du pouvoir coercitif de l'État. Ils s'emploient à construire une société libre, juste et tournée vers le progrès. Surtout dans le cadre d'une société numérique *a fortiori* guettée par les risques d'un Big Brother orwellien et qui doit, selon lui, protéger les échanges entre des individus éduqués et éclairés par ce qui est le mieux et le plus utile pour eux d'un point de vue éthique.

Ses arguments libertariens en faveur de la liberté peuvent nous sembler parfois extrêmes mais les questions qu'il pose se doivent d'être entendues, notamment quand il fait valoir, par exemple, qu'il vaut mieux un coupable en liberté plutôt qu'un innocent en prison. David Friedman nous montre logiquement que, à ce titre, ceux qui pensent le contraire oublient souvent qu'ils pourraient être cet innocent emprisonné et que si cette injustice leur était infligée pour répondre à une nécessité déterminée par l'État, ils changeraient alors certainement vite d'avis.

Le célèbre site Internet Silk Road créé en 2011 par Ross Ulbricht, condamné à plusieurs peines de réclusion à perpétuité incompressible, a par exemple défrayé la chronique en permettant, grâce au réseau Tor et à des paiements en bitcoins, d'assurer une forme d'anonymat des acheteurs et des vendeurs pour échanger des produits illicites. Mais certains cypherpunks ont néanmoins soutenu que ce type de marché numérique décentralisé pouvait réduire les violences liées au trafic de rue, notamment dans les quartiers où les règlements de compte sont fréquents.

Il ne s'agit pas ici de défendre la moindre activité illégale, pas plus qu'il ne serait d'ailleurs question d'interdire la fabrication des marteaux parce qu'ils pourraient être dangereux, mais de comprendre pourquoi les cypherpunks s'interrogeaient, et à mon sens à juste titre, sur l'intérêt d'un marché en ligne, anonyme et libre. Un marché qui, dans son fonctionnement hors de tout contrôle de l'État, permettait au moins d'éviter les dommages collatéraux.

Car si, d'un point de vue légal, il est légitime que ce site Internet ait été fermé, nous devons entendre ce point de vue des cypherpunks selon lesquels une mère de famille puisse regretter que ce commerce en ligne anonyme n'ait pas été préféré aux trafics alimentés par des consommateurs venus des beaux quartiers et qui, inconscients des conséquences que leur égoïsme de consommateur implique, mettent ses enfants en danger en tant que victimes collatérales potentielles.

Samouraï Wallet et Tornado Cash, deux systèmes de mixage des transactions cryptographiques créés respectivement en 2015 et en 2019, illustrent bien cette tension entre protection de la vie privée et lutte contre les usages criminels des cryptomonnaies, et rappellent l'affaire du logiciel de chiffrement PGP de Phil Zimmermann dans les années 1990. Leurs concepteurs se voient aujourd'hui reprocher par les autorités américaines d'avoir favorisé des opérations de blanchiment d'argent et des transferts illégaux et font face, à ce titre, à des poursuites particulièrement lourdes.

Leur but était pourtant de permettre des paiements en cryptomonnaie sans que, à cause de la transparence de la blockchain, le destinataire connaisse le montant des avoirs de l'émetteur. Et sans que les jetons numériques ne puissent être, par exemple, « blacklistés » en raison de leur historique.

Ces deux idées étaient donc parfaitement légitimes dans la mesure où, comme le relevait déjà Eric Hughes dans son *Manifeste d'un Cypherpunk* dès 1993, quand nous achetons un journal, nous n'avons pas forcément envie que le buraliste sache combien nous avons sur notre compte. Et quand nous retirons du cash depuis un distributeur de billets, nous n'accepterions pas que ces billets, sous le prétexte qu'ils ont des traces de drogues ou que leur numéro indique qu'ils ont été utilisés pour d'hypothétiques transactions criminelles antérieures auxquelles nous ne sommes pas liés, soient rendus inutilisables par une décision unilatérale de l'État.

David Friedman, dans la perspective des arguments libéraux de Mises et de Hayek et de tous les intellectuels libéraux ou anti-marxistes du vingtième siècle comme Aron et Leys à contre-courant des tendances gauchistes, fit valoir qu'un État qui limiterait les libertés fondamentales en amont sera dans la position d'imposer des mesures anti-libérales dans le domaine économique. En fixant unilatéralement, par exemple, le prix du crédit ou le prix de l'argent sans prendre en compte l'intérêt des acteurs privés, réduits à s'appauvrir malgré eux.

Une contrainte qui s'avère toujours être une catastrophe puisque, en plus de la perte de nos libertés, David Friedman pointe surtout l'inefficacité chronique de toute idée de monopole centralisé qui imposerait des prix de marché. Selon lui, toute décision de ce type coûterait en effet « *au moins deux fois plus cher qu'il en coûterait à n'importe qui pour produire n'importe quoi* » et ce sont toujours les plus pauvres qui souffrent les premiers de ce gaspillage et de ce surcoût improductif .

Et parmi les nombreux exemples que nous pourrions retenir pour le démontrer, la triste situation du monde agricole français et européen en 2024 que nous avons déjà évoquée illustre parfaitement que, malgré les énormes subventions européennes de la PAC, la Politique Agricole Commune, qui impose en retour des contraintes sur les prix, les agriculteurs s'appauvrissent inéluctablement depuis 20 ans. De fait, ils ne disposent plus d'aucune liberté pour s'en sortir alors que ce sont les grands producteurs qui bénéficient, eux, grâce à un volume de production très important et un prix de revient de ce fait diminué, de l'avantage des prix garantis qu'ils ont eux-mêmes fixés, en totale contradiction avec le marché libre et la protection des plus faibles.

Une situation injuste que décrivait déjà dans les années 1930 Hayek qui s'opposait donc aux nombreux intellectuels occidentaux selon lesquels, sur l'exemple des succès technologiques de l'Union soviétique, il n'y avait aucun risque à favoriser des politiques interventionnistes et à créer de la dette publique dans la mesure où l'État, contrairement à ses contribuables, serait éternel.

L'exemple le plus frappant de cet aveuglement collectif à ne pas voir les effets délétères des mesures anti-libérales sur le long terme est aujourd'hui celui de la santé publique. En effet, beaucoup de Français restent attachés à l'idée d'un système de santé gratuit qui repose sur un humanisme louable grâce auquel personne n'est exclu des soins, même très coûteux, et quelle qu'ait été sa contribution.

Mais si les gens prenaient réellement conscience de ce que représente cette solidarité en termes de charges salariales et patronales sur le coût réel de leurs revenus, sans même compter le poids des prélèvements sociaux, dont la contribution sociale généralisée (CSG), celui des mutuelles que les salariés du privé doivent souvent financer eux-mêmes, puis, pour certains, celui de l'impôt sur le revenu, il est probable qu'ils changeraient rapidement d'avis.

Ils réaliseraient qu'il n'y a évidemment rien de gratuit et ils trouveraient même le prix payé non seulement excessif mais aussi, et surtout, ils le considéreraient comme de l'argent public particulièrement mal dépensé.

Pourtant, malgré ce principe de solidarité, l'hôpital public traverse une crise profonde que les difficultés croissantes des services d'urgence rendent particulièrement visible. Un article du Figaro publié en janvier 2023 rapportait par exemple que, selon Marc Noizet, président du Samu-Urgences de France, 31 décès seraient survenus en décembre 2022 dans des conditions de prise en charge extrêmement dégradées.

La monnaie dette issue d'un interventionnisme monétaire permanent apparaît ainsi, dans une perspective plus libérale, comme un système structurellement instable. Ses effets que sont l'inflation, le surendettement et la dépendance croissante des États à la création monétaire, finissent par fragiliser à la fois l'économie réelle et certaines libertés fondamentales.

Les monnaies numériques de banque centrale, les MNBC créées par les États en utilisant le principe d'une blockchain qui ne serait bien sûr pas décentralisée, illustrent de ce fait toutes les dérives liberticides potentielles comme le montre le yuan numérique. Conçue par l'État chinois en 2014, cette monnaie numérique a été mise en pratique dès 2021 afin de contrôler les individus en fonction de leur comportement civique et moral. Et certainement bientôt de les contrôler d'un point de vue politique, c'est-à-dire en fonction de leur façon de penser ou de voter, dans un esprit finalement très proche d'un Big Brother.

L'échec du projet Libra lancé par Mark Zuckerberg en 2019 montre d'ailleurs à quel point les États restent hostiles à l'émergence de monnaies privées susceptibles de concurrencer leur souveraineté monétaire. Face à une commission parlementaire des services financiers américains qui l'interrogea en octobre 2019, et en dépit de son extraordinaire pouvoir financier et de ses bonnes intentions affichées, Zuckerberg réalisa certainement que l'idée de vouloir concurrencer le dollar américain constituait un risque politique et juridique considérable et il abandonna le projet.

C'est tout l'intérêt apolitique de Bitcoin décentralisé qui est entièrement en dehors du contrôle des gouvernements et qui s'impose mécaniquement de lui-même. Car si l'un des intérêts pratiques les plus importants de Bitcoin d'un point de vue civilisationnel nous donne, comme nous l'avons vu, les moyens de lutter contre le pouvoir régalien de créer de la monnaie, nous pouvons enfin, en conscience, en nous éduquant comme les Lumières et Spinoza nous y invitent et sans qu'aucun gouvernement ne puisse nous y empêcher, admettre que l'adoption de cette monnaie numérique décentralisée correspond bien au sens de l'histoire.

Nous comprenons qu'il est enfin possible, chacun à son niveau, d'agir pour le respect de nos libertés et qu'il est temps de lutter contre ces engrenages de violence, de destructions matérielles et de vies humaines que la course en avant d'une monnaie dette illimitée implique forcément.

Comprendre cette propension naturelle des États à abuser de leur pouvoir au point que cet abus devienne une servitude à laquelle ils ne peuvent eux-mêmes plus échapper est aussi l'occasion de réaliser qu'ils peuvent, à tort, c'est-à-dire contre leurs propres intérêts et les nôtres, se croire au-dessus de la loi tout en donnant des leçons de morale et de démocratie aux autres. La puissance du dollar américain a, par exemple, permis aux États-Unis d'imposer unilatéralement l'extraterritorialité de son droit et de mener une véritable guerre économique contre ses concurrents, et pourtant alliés.

« L'affaire Alstom » racontée par Frédéric Pierrucci dans *Le piège américain* publié en 2019 montre comment, sous couvert des vertus de la légalité, les États-Unis utilisent cette extraterritorialité comme un véritable instrument de prédation économique en s'attaquant à toutes les entreprises étrangères ou aux particuliers qui utilisent du dollar américain dans leurs activités. Une aptitude qui, depuis plus de 10 ans, leur a permis de poursuivre et de réclamer l'extradition de Julian Assange, le fondateur de Wikileaks qui n'est pourtant pas citoyen américain, en lui reprochant d'avoir dénoncé des crimes de guerres qu'ils ont eux-mêmes commis et pour lesquels les responsables n'ont jamais été, et ne seront probablement jamais inquiétés.

Enfin, l'un des meilleurs exemples de la manière de prendre ce sujet à bras-le-corps et de s'investir dans cet écosystème est probablement celui de Michael Saylor, un chef d'entreprise américain très connu dans le monde des cryptomonnaies pour son inflexible soutien au Bitcoin depuis 2020. En bon entrepreneur libéral, Saylor s'est intéressé aux qualités intrinsèques de Bitcoin, le jour où, dit-il, il comprit que le *cash-flow* de son entreprise MicroStrategy était devenu un « *melting ice cube* », soit un glaçon en train de fondre face à l'inflation, et qu'il lui fallait trouver une solution pérenne à ce problème.

Aujourd'hui à la tête d'un portefeuille qui représenterait plus de 1,3 % de la totalité des bitcoins minés, Saylor finance l'université en ligne gratuite déjà évoquée et disponible sur le site Internet saylor.org et on lui attribue souvent d'avoir repris à son compte la célèbre citation du président J.F. Kennedy en disant « *ne vous demandez pas ce que Bitcoin peut faire pour vous, demandez-vous ce que vous pouvez faire pour Bitcoin* ».

En faisant notamment référence sur les réseaux sociaux au microscope et aux lunettes d'astronomie pour souligner l'importance de la technologie et du progrès comme outil de liberté, et en évoquant peut-être une conviction spinoziste,

Saylor nous montre précisément que cette monnaie décentralisée est un levier civilisationnel dont nous avons besoin afin de nous projeter avec optimisme vers un avenir meilleur. Pour nous-mêmes et pour les autres, c'est-à-dire pour l'État, à condition qu'il soit et qu'il reste libéral.

Dans une démarche dont le militantisme pourrait s'apparenter à celui des Lumières qui prônent la connaissance et l'esprit critique, Saylor nous montre d'abord cette nécessité d'agir afin de conquérir en conscience notre liberté financière et politique. Et dans un esprit rationnel éloigné de toute idéologie nihiliste et mortifère, il se fait l'apôtre de la nécessité absolue et altruiste d'accompagner cette révolution et de montrer combien Bitcoin est en mesure de rendre nos vies meilleures dans l'avenir.

Mais si, malgré tout, quelqu'un n'était pas convaincu de la perspicacité d'une monnaie marchandise en dehors des mains des États, ce qui serait son droit le plus strict à condition, dit Spinoza quand il parlait de la liberté de conscience, d'être en paix avec soi et avec les autres, le fait est que les critiques récurrentes et parfois violentes contre les cryptomonnaies n'empêchent pas cette industrie de se développer chaque jour un peu plus.

Que ce soit au Venezuela, en Afghanistan ou dans les pays en proie à l'hyperinflation et aux dictatures, son utilité pratique et ses cas d'usage augmentent à peu près partout. Et même les États de droit ont d'ores et déjà bien compris qu'ils ne peuvent plus rien faire, que personne ne peut être écarté et mis en prison pour protéger leur monopole de création monétaire. Ils ont par ailleurs également compris que la concurrence d'une hypothétique monnaie numérique de banque centrale semblait dorénavant difficile à envisager depuis que les États-Unis ont voté en mai 2024 leur interdiction afin de protéger la liberté financière des Américains.

Comme Bitcoin n'a pas de siège social, pas de responsables identifiés, les États ne peuvent plus l'interdire malgré toutes leurs tentatives pour en arrêter l'expansion naturelle dans un monde numérique où l'Internet, devenu incontournable, peut enfin grâce à ce « bras armé » qu'est Bitcoin, redevenir cet instrument d'échange décentralisé et respectueux de nos libertés individuelles qu'il devait être.

Nous ne pouvons toutefois pas nous contenter d'accabler les responsables politiques paralysés par les syndicats et par les groupes de pression, absorbés par le souci de la réélection en considérant, à tort, qu'ils seraient coupables de maintenir le système monétaire en place. Perspicaces, ils sont certainement déjà en train de réaliser que Bitcoin et la défense des libertés qui l'accompagne, est une chance pour la survie des États. Et pour eux-mêmes s'ils veulent être réélus dans la mesure où, face à une adoption de plus en plus importante, les responsables politiques ont clairement compris que leur position sur les cryptomonnaies pourrait leur coûter très cher et qu'ils ne pourraient plus se contenter d'un déni et de critiques simplistes.

Malgré tout, de nombreux intellectuels de gauche, pour certains d'anciens marxistes, considèrent encore l'argent comme l'expression la plus péjorative du monde moderne opposé aux valeurs civilisationnelles qu'ils défendent. Pour eux, nos sociétés seraient dominées par cet argent qui symboliserait une forme de néant structurel propre à la société de consommation extrême dénuée de sens. Une situation exprimée, selon eux, à travers les révoltes sociales aveugles qui affectent surtout les jeunes, notamment des classes populaires et celles issues de l'immigration, et qui subissent ce que par exemple le philosophe Alain Badiou, ancien maoïste, appelle une « *dictature monétaire du néant* ».

En réalité, cette vision pessimiste, voire catastrophiste de la société et de son évolution, autrement dit cette crainte de la modernité et du progrès, correspond précisément à ce dont nous devons nous protéger car, comme nous l'avons vu plus haut, la monnaie, même en tant que simple moyen d'échange, n'est pas l'expression d'un néant de civilisation ou d'une société nihiliste qui n'aurait plus aucune valeur.

Bien au contraire, la monnaie est l'un des éléments essentiels de notre civilisation et permet d'assurer la marche optimiste du progrès. À défaut d'être une dette, le fait que la monnaie redevienne une marchandise, même numérique, correspond clairement à la nécessité de ne plus vivre dans l'imagination nihiliste opposée au réel et de lui préférer la vision rationnelle et adulte du monde que nous ont offert les philosophes des Lumières. Et dont nous sommes les héritiers à condition d'ouvrir les yeux.

Le jeton numérique bitcoin, qui a donc toutes les qualités de l'or sans en avoir aucun des défauts, dont le protocole assure comme un principe gravé dans le marbre qu'il est limité en quantité et qui permet d'échanger de la valeur sur Internet sans tiers de confiance, correspond à une révolution monétaire qui arrive « à point nommé » et qui est fondamentale pour notre avenir.

Bien au-delà de son extraordinaire aspect spéculatif stigmatisé par la critique caricaturale que font les intellectuels de gauche au sujet des fortunes considérables réalisées en si peu de temps par des jeunes « bitcoiners » de moins de 30 ans qui s'afficheraient avec humour en Lamborghini orange comme symbole moqueur de leur « réussite », Bitcoin est avant tout un extraordinaire outil de liberté et d'émancipation. Un outil pratique qui nous permet, enfin, que l'on soit riche ou pauvre, éduqué ou non, citoyen d'un État de droit ou d'une dictature, de sortir des servitudes idéologiques monétaires et de défendre de vraies valeurs humaines et de liberté pour tous.

Un optimisme que Voltaire, pourtant plusieurs fois embastillé, a si bien exprimé dans toute son œuvre et en particulier dans son célèbre poème *Le mondain* dont je ne résiste pas, pour terminer cet essai, à citer ces quelques vers qui montrent l'humour de son esprit critique irrévérencieux :

Moi, je rends grâce à la nature sage

Qui, pour mon bien, m'a fait naître en cet âge

Tant décrié par nos tristes frondeurs :

Ce temps profane est tout fait pour mes mœurs :

J'aime le luxe, et même la mollesse,

Tous les plaisirs, les arts de toute espèce,

La propreté, le goût, les ornements :

Tout honnête homme a de tels sentiments.

Il est bien doux pour mon cœur très immonde

De voir ici l'abondance à la ronde,

Mère des arts et des heureux travaux,

Nous apporter, de sa source féconde,

Et des besoins et des plaisirs nouveaux.

Comme le fut le paratonnerre pour Robespierre et les lentilles de lunette astronomique pour Galilée et Spinoza, Bitcoin est ainsi un bel exemple de raisonnement rationnel appliqué à la vie pratique de tous les jours pour recouvrer avec optimisme notre liberté. Et tenter de vivre heureux, épanoui, en adulte.

Et si le célèbre philosophe spinoziste Henri Bergson, nous apprend qu'une bonne philosophie se réduit à une intuition simple, le mathématicien Pierre de Fermat nous rappelle, lui, que toute démonstration mathématique est « *belle* » quand elle résout le maximum de problèmes avec, dit-il, le minimum de « *détours* », c'est-à-dire de la manière la plus simple qui soit. Bitcoin procède précisément d'une intuition et d'une belle idée selon laquelle l'échange de valeur numérique sans tiers de confiance est non seulement possible et simple à réaliser mais est aussi souhaitable.

Bien sûr, tout adepte de la cryptomonnaie à l'écoute du monde qui change et évolue dans le bon sens pour le meilleur de chacun et de la société n'est pas forcément un adepte de la philosophie des Lumières, mais quiconque s'engage dans la recherche de la connaissance rationnelle des choses plutôt que dans l'asile de l'ignorance et dans la superstition, aura en lui, et c'est une qualité propre à cette démarche copernicienne et spinoziste que j'ai essayé d'exposer dans cet essai, cette volonté de s'extraire de toutes les formes de servitudes, « *d'oser penser par soi-même* » et de comprendre.

Une démarche accompagnée par le souci de ne se prononcer sur un sujet complexe comme celui des cryptomonnaies qu'après l'avoir étudié avec bonne volonté, sans jamais le critiquer gratuitement ou en se demandant objectivement, et dans un esprit critique constructif, quelles pourraient être les causes étranges qui le permettraient.

En se demandant comment Spinoza, aussi sage et brillant fut-il en son temps, aurait réagi face à cet outil monétaire qui doit permettre aux hommes de vivre, de s'exprimer et d'échanger librement, la réponse à cette question devrait logiquement, dans un sincère souci de connaissance vraie, nous aiguiller vers l'intérêt d'être rationnel, ouvert au progrès et de toujours regarder notre avenir avec optimisme.

C'est peut-être en ce sens que l'idée d'un « évangile laïc » prend tout son sens, non comme une croyance à imposer, mais comme une bonne nouvelle offerte à ceux qui acceptent d'en examiner rationnellement la portée. Vu que cette révolution, comme l'écrivait déjà le cypherpunk Eric Hughes, est déjà bel et bien « *en marche* »...

Sommaire

Bibliographie

Aimar Thierry, « Hayek, du cerveau à l'économie », Michalon.

Ammous Saifedean, « L'Étalon Bitcoin », Dicoland.

Aristote, « La Politique », Vrin.

Aron Raymond, « L'opium des intellectuels », Calmann-Lévy.

Bastiat Frédéric, « Ce qu'on voit et ce qu'on ne voit pas », Éditions Romillat, « Sophismes économiques », Éditions JDH.

Bergère Sylvain, « Une contre histoire de l'Internet », Premières lignes télévisions (Arte).

Bhatia Nik, « La monnaie pyramidale », Dicoland.

La Boétie (de) Étienne, « Traité de la servitude volontaire », Poche.

Boyapati Vijay, « Un scénario optimiste pour Bitcoin », Konsensus Network.

Bronner Gérald, « Apocalypse cognitive », « Les lumières à l'ère numérique », Puf.

Camus Albert, « Le premier homme », Folio.

Cayla David, « Déclin et chute du néolibéralisme », De Boeck.

Chevagneux Christian, « Une brève histoire des crises financières », Poche.

Deleuze Gilles, « Spinoza, philosophie pratique », « Nietzsche », Puf, les éditions de minuit, ensemble de ses cours enregistrés à l'université Paris-8 sur la chaine « Deleuze Média », www.youtube.com.

Descartes René, « Discours de la méthode », « Les Principes de la philosophie », Vrin.

De Filippi Primavera, « Blockchain et cryptomonnaies », Que sais-je ?.

Edelman Ric, « The truth about Crypto », Simonbooks.

Faure Edgar, « La banqueroute de Law », Gallimard.

Fressoz Baptiste, « Sans transition », Seuil.

Freud Sigmund, « L'avenir d'une illusion », PUF.

Friedman David, « Vers une société sans État », Les belles lettres.

Friedman Milton, « Capitalisme et Liberté », Champs essais, « Milton Friedman on Inflation and Money Supply », « Free to choose Network », « Milton Friedman predicts Bitcoin in 1999 », www.youtube.com.

Galilée, « L'essayeur », Les belles lettres, « Dialogue sur les deux grands systèmes du monde », Seuil.

Giraud Gaël, « La théorie des jeux », Champs essais.

Goldstein Jacques, « La véritable histoire de la monnaie », Dunod.

Greaber David, « Pour une anthropologie anarchiste », Lux, « Dette, 5000 ans d'histoire », Babel.

Hayek Friedrich August (von), « Pour une vraie concurrence des monnaies », « La route de la servitude », PUF, « L'ordre sensoriel », CNRS éditions, « La présomption fatale : les erreurs du socialisme », « Monetary theory and the trade cycle », Martino Fine books, « Friedrich Hayek predicts the rise of stablecoins, bitcoin and cryptocurrency », www.youtube.com.

Hobbes, « Léviathan », GF Flammarion.

Huerta De Soto Jésus, « L'école autrichienne », Institut Coppet.

Hughes Eric, « Manifeste d'un cypherpunk », www.cryptofr.com.

Kant Emmanuel, « Qu'est-ce que les Lumières ? », GF philo, « Critique de la raison pure », « Critique de la raison pratique », « Critique de la faculté de juger », « La religion dans les limites de la simple raison », GF Flammarion.

Keynes John Maynard, « Théorie générale de l'emploi, de l'intérêt et de la monnaie », Payot, « Les conséquences économiques de la paix », Ultraletters.

Lebon Gustave, « Psychologie des foules », Puf.

Leys Simon, « Les habits neufs du président Mao », Champs libre, « Orwell ou l'horreur de la politique », Hermann.

Locke John, « Lettre sur la tolérance », « Traité du gouvernement civil », Poche.

Macherey Pierre, « Introduction à l'Éthique de Spinoza », Puf.

Marx Karl, Engels Friedrich, « Manifeste du Parti communiste », Librio.

May Timothy, « Le manifeste crypto anarchiste », www.bitcoin.fr.

Menger Carl, « Principes d'économie politique », Seuil.

Mises (von) Ludwig, « L'action humaine », Puf, « Abrégé de l'action humaine », Les belles lettres, « Le socialisme, étude économique et sociologique », Institut Coppet, « La théorie de la monnaie et du crédit », The Foundation for Economic Education.

Nakamoto Satoshi, « Bitcoin: A Peer-to-Peer Electronic Cash System », www.bitcoin.org.

Nietzsche Friedrich, « La volonté de puissance », « Par-delà le bien et le mal », Poche.

Oresme, « Traité de la première invention des monnaies », Len.

Orwell Georges, « 1984 », « La ferme des animaux », Poche.

Pierrucci Frédéric, « Le piège américain », Poche.

Polo Marco, « La description du monde », Poche.

Poulon Fréderic, « La pensée économique de Keynes », Dunod.

Préposiet Jean, « Histoire de l'anarchie », Pluriel.

Rand Ayn, « La grève », Les belles lettres, « La source vive », Flammarion.

Smith Adam, « La richesse des nations », GF Flammarion.

Spinoza Baruch, « Éthique », « Correspondances », « Traité théologico-politique », « Traité de la réforme et de l'entendement », « Traité politique », GF Flammarion.

Santostasi, Giovanni, « The Physics of Bitcoin: Non an Asset but a Force of Nature: The Laws of Complexity, Growth, and Self-Organization behind Bitcoin Price, Adoption and Network Security », Amazon KDP.

Théry Gérard, « Les autoroutes de l'information », La Documentation française.

Tyldum Morten, « The Imitation Game », Bear pictures.

Ver Roger, « Hijacking Bitcoin: The Hidden History of BTC », Amazon KDP.

Voltaire, « Dictionnaire philosophique portatif », Magnard.